동아시아의 사후결혼

동아시아의 사후결혼

노성환 지음

UUP

동아시아의 사후결혼

2007년 2월 22일 1판 1쇄 인쇄
2007년 2월 28일 1판 1쇄 발행

지은이 노 성 환
발행인 정 정 길
편집인 박 삼 수
발행처 UUP (울산대학교출판부)
680-749 울산광역시 남구 무거동 산29번지
☎ 052-259-2488 FAX. 227-3011
등록 제 370-1996-000001호(1996.3.13)

ISBN 978-89-7868-961-8 정가 5,000원

세상에서 가장 슬픈 결혼식

지난 95년 7월이었다. 그 때 한국에는 어처구니없게도 부실공사로 인한 삼풍백화점이 붕괴하여 엄청난 인명과 재산적 피해를 가져왔던 적이 있었다. 이러한 충격은 연일 메스컴의 머리기사를 장식하고도 남음이 있었다. 그러던 중 같은 달 21일자 모일간지는 다음과 같은 흥미를 끄는 기사를 실어 전국의 독자들에게 알렸다.

> 「20일 오전 삼풍백화점 붕괴사고의 실종자 가족들이 모여 있는 서울교대 체육관. 그동안 많은 실종자 가족들이 생사를 확인, 하나 둘씩 떠나 가버려 설렁한 공기가 감돌고 있었다. 실종자 가족 박병남씨(54)는 둘째 아들 대규씨(25.삼풍백화점 직원)를 이미 「죽은 자식」으로 여기고 있지만 시체는커녕 유류품 한 점 찾지 못해 애태우고 있다. "이놈아, 빨리 나와서 결혼식을 올려야 할 것이 아니냐." 아버지 박씨는 이번 사고로 숨진 동료 여직원과 영혼결혼식을 올리기로 약속해놓아 이제는 시체라도 빨리 찾아야 하겠다는 생각뿐이다. 실종된 대규씨는 지난해 봄 백화점 지하1층 가전제품매장에서 아르바이트생으로 일하던 중 직장동료 임혜영씨(24)를 만나 사귀기 시작, 97년에 결혼하기로 약속했으나 둘 다 변을 당했다.

혜영씨의 언니 혜란씨(29)는 6월29일 사고소식을 듣고 교대 체육관으로 달려와 동생을 찾는 벽보를 붙이다가 대규씨의 실종내용이 적힌 벽보를 발견했다. 혜란씨는 동생이 대규씨를 여러 차례 집으로 데리고 와 집안 식구들에게 소개한 적이 있어 대규씨를 잘 알고 있었다. 두 젊은이의 양가부모는 참사현장에서 처음으로 대면했다. 양가는 처음에는 "꼭 살아오겠지요. 기운을 냅시다."하며 서로 위로했다. 실종된 혜영씨의 벽보를 대규씨의 벽보아래에 붙이기도 했다. 그러나 지난 10일 혜영씨가 먼저 숨진 채로 발견됐다. 가족들은 시체를 화장했으나 유골은 뿌리지 않고 남겨두었다. 그리고 대규씨의 부모를 찾아갔다. "생전에 두 사람이 장래를 약속했는데 대규씨의 시신이 나오면 영혼끼리라도 결혼식을 올려줍시다." 아버지 박씨는 이미 아들의 생환을 포기, 임씨 집안의 제의를 스스럼없이 받아들였다. 박씨는 20일 지하 4층 바닥까지 드러난 발굴현장에서 아들의 시체가 나오지 않자 "이놈아, 어디에 있느냐. 신부가 너를 애타게 기다리고 있는데..." 라며 울부짖었다.」[1)]

그 이후 이들은 가족들이 바라는 대로 결혼식을 올렸는지 모른다. 만약 그들이 결혼식을 올린다면 그것을 바라보는 가족은 물론 하객들도 안타까운 마음으로 지켜보아야 하는 세상에서 가장 슬픈 결혼식이 될 것이다.

그런데 이러한 결혼을 두고 우리의 민법(제 815조 제1호)에서는 "불동거 결혼, 동성결혼, 영혼결혼, 위장결혼 등은 처음부터 혼인의 실질적 요건을 결하여 무효이다."하고 혼인으로 보고 있지 않다. 즉, 법에서 말하는 결혼이란 첫째 함께

---

1) 동아일보 95년 7월 21자

살아야 하며, 둘째는 서로 성이 다른 남녀를 전제로 하며, 셋째는 살아있는 사람끼리의 결혼이어야 하며, 넷째는 두 사람이 부부관계로 인정되는 정신적 육체적 결합에 대한 의사가 합치되어야 한다는 것을 전제로 하기 때문에 이상과 같은 결혼의 유형들을 인정하기 어려우며, 그리하여 무효라고 정의를 내리고 있는 것이다. 더군다나 살아있지도 않은 영혼결혼은 더더욱 법적으로 보장해주기가 힘들 것이다.

그럼에도 불구하고 민법에서도 다루고 있다는 것은 그 만큼 그것이 진귀한 것이 아니라 오래 전부터 흔히 있었던 사례들이라는 사실을 입증하여주기는 것이기도 하다. 실제로 난 이 기사를 읽고 기회가 있을 때마다 내가 사는 울산지역을 중심으로 그 사례들을 조사해 보았다. 그 결과 사후결혼은 21세기를 맞이하는 최첨단의 기술이 발달한 오늘날 우리의 주변에도 의외로 많다는 사실에 놀랐다. 위의 삼풍 사건으로 희생당한 대규씨와 혜영씨의 예가 특수한 것이 아니라 매우 일반적인 습속이었다.

이러한 풍속은 우리나라에만 있는 것이 아니다. 일찍이 인류학에서는 그러한 사례가 동아시아에서 뿐만 아니라 아프리카에도 있다는 사실이 보고되고 있으며, 또 그것에 대해 Ghost Marriage, Sprit Marriage, Hell Marriage, Posthumous Marriage 등으로 사용되고 있다.

이러한 결혼은 우리나라에서처럼 다른 나라에서도 법적으로 보장 받지 못할지도 모른다. 그럼에도 불구하고 죽은 자끼리의 결혼이 오늘날까지 끊이지 않는 것은 그것이 우리들에게는 법적으로도 해결할 수 없는 개인적으로 또 사회적으로 매우 소중한 가치와 의미를 지니고 있기 때문이다. 그러한 가치와 의미를 찾아내는 작업이 민속학 또는 인류학이라는 학문을 업으로 삼고 있는 우리가 해야 하지 않을까.

그에 대한 작업을 하기 위해서 먼저 동아시아라는 지역적 범위를 설정하여 그 지역에서는 사후결혼이 언제부터 시작되었고, 또 어떠한 방법과 유형이 있으며, 또 무엇 때문에 치르는지, 그리고 지역적으로 어떠한 차이가 있는지, 또 그것으로 인해 국가간 문화적 갈등이 있는지 등에 관해 살펴보고자 하는 것이 본서의 목적이다.

끝으로 보잘 것 없는 원고임에도 불구하고 출판을 맡아준 출판부장 김호연 교수와 출판부 직원들, 그리고 직접 현장에서 찍은 일본 동북지방의 사후결혼 사진을 기꺼이 제공해준 하기와라 히데사부로(萩原秀三郎), 야마다 신야(山田愼也) 선생에게도 감사를 드리는 바이다.

2007년 2월

문수산 자락 연구실에서

노 성환

1. 언제부터 시작되었을까?

역사상으로 본다면 동아시아에 있어서 사후결혼은 아무래도 중국이 가장 오래된 것 같다. 그리하여 중국의 것부터 먼저 살펴보기로 하자.

중국에서는 사후결혼을 일반적으로는 명혼(冥婚). 음혼(陰婚)으로 부르고 있으나 지역에 따라서 아주 다양하게 불리우고 있다. 가령 하북성(河北省)에서는 명혼 이외에 취골시(娶骨屍), 사후성친(死後成親), 사혼(死婚), 음혼(陰婚), 음친(陰親) 등으로 부르고 있으며, 산동성(山東省)에서는 명혼(冥婚)으로 부르는 경우가 많은 데 별도로 취음친(娶陰親), 설사식부(說死媳婦) 등의 명칭도 사용하고 있다. 그리고 하남성(河南省)에서는 배골(配骨), 또 협서성(陜西省)에서는 취귀처(娶鬼妻), 귀인(鬼姻)이라고도 하며, 절강성(浙江省)에서는 명배(冥配)라고 불리운다고 한다.[1] 그 밖에도 귀혼(鬼婚), 귀결혼(鬼結婚), 유혼(幽婚), 상취부(喪娶婦), 귀매(鬼媒), 귀인연혼(鬼人聯婚)라는 명칭 등을 찾아볼 수 있어 실로 아주 다양한

---

1) 櫻井德太郎, 『東アジアの民俗宗教 -櫻井德太郎著作集(7)-』(吉川弘文館. 1987年) p519

명칭들이 있음을 알 수 있다.

그 명칭의 수만큼 기록만을 통하여 본다면 기원전후 1세기경의 문헌에 이미 나타난다. 『주례(周禮)』의 「지관매씨직(地官媒氏職)」에 "천장(遷葬)하는 것과 가상(嫁殤)하는 것을 금한다(禁遷葬者與嫁殤者)."라고 되어있는 내용이 최초의 것이다. 천장이란 홀아비와 과부로 죽은 자를 말하고, 가상은 성인식을 치루지 못하고 죽은 남녀 미성년자를 말하는 데 그들의 결혼을 금지시켰던 것이다. 그리고 그것에 대해 정현(鄭玄)이라는 자가 주석을 가하기를 "천장인 경우 생시에 부부가 아닌데 죽어서 이미 장례한 무덤을 다시 옮겨 상종토록 하는 것이 되고, 또 가상인 경우는 19세 이하의 미혼사자를 일컫는 말인데 생전에 예로써 상접하지 못하였는데 사후에 서로 합하게 하는 것이므로 그것은 인륜을 어지럽히는 것이다."고 금지시키는 이유를 설명하고 있다. 당시 무엇 때문에 사후결혼을 금지시켰는지는 모르지만 그 자체가 있었음을 부정하는 것은 아니다.

『주례』 이후의 문헌으로는 『삼국지(三國志)』의 「위서(魏書)」이다. 『권11』의 「병원전(邴原傳)」에 의하면 황제인 조조가 13세의 나이로 죽은 자신의 아들 창서(倉舒)를 신하인 병원의 죽은 딸과 결혼시키려고 하였으나 병원은 "합장은 예에 맞지 않다."하여 거절하는 내용이 나온다. 그러나 조조는 여기에 단념하지 않고 견씨(甄氏)의 죽은 딸을 그와 결혼시켜 합장하고, 그에게는 작위를 수여했다. 그리고 완후거(宛侯據)의 아들 종(琮)에게 명하여 창서의 가계를 계승하도록 했다 한다[2]. 그리고 같은 책 『권5』의 「후비전문소견황후(后妃傳 文昭甄皇后)」의 내용에서도 발견할 수 있다. 즉, 생후 3개월 되던 황녀 숙(淑)이 죽자 명제(明帝)는 매우 슬퍼하여 충신들의 간언에도 불구하고 견황후(甄皇后)의 종손(從孫)인 황(黃)과 결혼시켜 이례적인 장례를 치르고 있는 것이다.

그 이후 『구당서(舊唐書)』에 의덕태자가 죽어 당시 사람들은 이를 애석하게 여겨 중종이 즉위하여 황태자로 추증하였으며, 국자감승(國子監丞) 배수(裵粹)의 죽은 딸과 명혼시켜 합장하였다고 한다. 그리고 송대의 문헌인 『작몽록(昨夢錄)』을 비롯한 『당서(唐書)』, 『원사(元史)』, 『명사(明史)』 등에서도 보이며, 청대의 수필인 『여묵우담(余墨偶談)』에서도 찾아볼 수 있는 만큼 중국에 있어서 사후결혼이란 2000년 이상 지속되어온 오래된 역사성을 지닌 민속 관행이었음을 알 수 있다.

한국도 사후결혼이 전국적으로 분포되어있다. 그에 대한 명칭도 다양하다. 제주도에서는 「죽은 혼서」라고 부르며, 호남 무당들은 「저승 혼사」라고 하며, 경상도에서는 「허제비굿」이라고도 한다. 허제비란 짚으로 만든 인형을 말하는데, 신랑인형에는 사모관대를 하고, 신부인형에는 쪽두리나 화관을 쓰고 혼례를 치루기 때문에 생겨난 말이다.

한편 불교에서는 이를 영가결혼 또는 화혼식(花婚式)이라

2) 繁原央, 「中國冥婚說話の二つの型」 『國學院中國學會報(38)』(國學院大學 中國學會. 1992年) p46

부르며, 통일교에서는 축복결혼이라고 한다. 통일교에서는 이를 무엇 때문에 축복결혼이라는 명칭을 붙였는지 알 수 없지만, 불교에서는 죽은 영혼을 영가라고 하며, 또 그 영혼이 맺어지게 된 계기는 꽃을 인연으로 맺어지는 것이기 때문에 그러한 혼인을 화혼이라 한다는 것이다. 그밖에도 영혼결혼, 영매결혼, 사후혼, 혼백혼인, 혼혼(魂婚), 명계혼인, 명혼, 유혼, 명배, 귀혼, 허혼, 죽은 혼인, 「몽달이 장가 간다」, 「사귀 시집간다」 등으로 불리웠다[3].

그러나 그 역사에 대해서는 자세히 알려진 바가 없다. 기록으로 찾아볼 수 있는 최초의 것은 18세기 때 문인이었던 이규경(李圭景)이 저서 『오주연문장전산고(五洲衍文長箋散考)』이다. 그것에 의하면 "증직하고 사제하는 것은 별로 괴이할 것이 없겠으나 가상명혼에 있어서는 더욱 의의가 없다. 옛날에 이런 제도를 만들어냈을 때 무슨 뜻이 있었기 때문인지 알 수 없다."고 하면서 중국의 『주례』 및 『위서』 『구당서』에 있는 사후결혼의 예를 들면서 우리나라에는 원래 없던 것이 중국의 영향으로 성행되고 있다고 했다.

1920년대에 접어들어 일본인 학자 무라야마 지쥰(村上智順)에 의해 경남 통영의 예가 보고되고[4], 또 이능화에 의해 제주도에도 그와 같은 사례가 있음이 확인됨으로써 우리나라에도 그것이 어느 특정 지역의 것이 아니라 전국적으로 널리 퍼져있는 보편적인 습속임이 확인되었다.

특히 이능화는 "제주도 풍속에 처녀가 죽으면 죽은 총각

---

3) 안병국, 『귀신설화연구』(규장각. 1995년) p215

4) 村山智順, 『조선의 귀신』<노성환 역>(민음사. 1990년) p432

을 구하여 혼인을 맺어주고 한 무덤에 장례하였는데, 이 풍속은 『주례』에도 나타난다. 한, 위 때에도 이를 숭상하였는데, 탐라벽도에 어찌 이런 풍속이 있었을까. 이는 원나라 때 제주도에 목마의 장소를 만들어 몽고인들의 왕래가 잦았는데, 이로 인해서 보면 원나라 사람들이 끼친 풍속인 듯하다." 고 하면서 제주도의 사후혼인은 원나라의 영향일 것으로 해석하였다[5]. 그러나 원의 풍속이 제주도에만 전해질 리가 없다. 전해진다면 고려 전체에 전해졌을 것이다. 이러한 가정이 사실이라고 한다면 우리나라에는 그에 대한 민속이 중국의 영향으로 생겨난 것이며, 그에 대한 역사는 적어도 중국의 원나라, 즉 고려 중기까지 거슬러 올라갈 수 있을 것으로 생각된다.

실제로 행한 예는 조선시대 때부터 찾아볼 수 있다. 병자호란 때 인질로 잡혀갔던 소현세자가 귀국할 때 청나라 궁녀 9명이 따라왔는데, 그 중 한 명이 죽자 조정에서는 그녀를 사후결혼시켜 임진강 고랑포 나루 건너에 묻어 무덤을 만들어 주었다. 이를 후세사람들은 호각시 무덤이라 불렀다. 비록 그 사례가 중국에서 온 처녀이지만 그들을 가엽게 여기고 사후결혼을 시키고 있다는 것은 그러한 풍속에 대한 인식 없이는 나올 수 없는 것이다. 그리고 그러한 풍속은 민간에서뿐만 아니라 궁정에도 정착하여 평생 미혼의 상태로 살다가 죽는 궁녀들에게도 사후결혼은 유행했다고 한다. 그들은 죽은 후의 시집살이를 대비하기 위해 돈을 저축하는 명혼계(冥

---

5) 이능화, 『조선무속고』<이재곤 역>(동문선. 1991년) p296

婚契)가 바로 그것이다[6].

이규태에 의하면 사후결혼을 통하여 맺어진 사돈을 어둔(暗)사돈이라 했는데, 사돈맺음에 있어 반상 등 신분과 가문의 지체를 따졌고, 똑같은 당색의 집안이 아니고는 어둔 사돈을 맺질 않았으며, 또 권문 귀가와 어둔 사돈을 맺어 벼슬을 한 사람이 있는데 이를 어둔 벼슬이라 하고, 그 사람을 암품(暗品)참봉. 암품 별감 등으로 불렀다고 한다[7]. 이처럼 한국에 있어서 사후결혼은 오늘날 갑자기 생겨난 것이 아니라 중국을 통해 들어와 고려로부터 시작하여 조선시대를 거쳐 오늘날에까지 이르고 있는 오래된 전통의 풍속이었던 것이다.

이에 비해 일본의 사후결혼은 특이하게도 그 사례가 본토에서는 야마가타(山形), 아오모리(青森), 미야기현(宮城) 등의 동북지방과 최남단 오키나와지역에서만 주로 발견되어 질 뿐 그 밖의 다른 지역에서는 좀처럼 찾기가 힘들다. 즉, 어느 지역에서나 행하여지고 있는 일반적인 풍속이 아닌 것이다. 이러한 풍속을 두고 일본학계에서는 명혼(冥婚). 명계혼인(冥界婚姻). 사후(결)혼. 사령(결)혼. 망령(결)혼. 유령(결)혼이라고 부르지만[8] 동북지역민들은 영전결혼(靈前結婚), 영계결혼(靈界結婚), 「무카사리 에마(繪馬)」이라 불렀고, 또 오키나와 사람들은 「구소오. 누. 니이비치」 또는 「토

6) 이규태. 『이규태 코너(하)』(조선일보사.1986년) p62

7) 이규태. 앞의 책 pp62-63.

8) 松崎憲三, 「東北地方の冥婚についての一考察(1)」 『東アジアの死靈結婚』<松崎憲三編>(岩田書院1993年) p45

오토메. 니이비치」「뮤우토. 니게에」등으로 부르고 있었다.

그 중 동북지역에서 사용하는 「무카사리 에마」라는 말 가운데 「무카사리」는 「받아들여지다」라는 뜻의 동북지방의 방언인데, 일반적으로 「축언」, 「혼례」, 「신부」를 일컫는 말이며, 「에마(繪馬)」는 그림을 나타내는 일본어이므로 즉, 「무카사리 에마」란 혼례의 그림이란 뜻을 가진 말이다.

여기에는 약간의 설명이 필요하다. 동북지방에서는 미혼 사자를 결혼시키는 데는 사자가 결혼한다는 것을 가정하고 그 상황을 그림으로 그려 절이나 신사등지에 바쳐지는 풍속이 있다. 이 때 이용되는 그림을 이곳 사람들은 「무카사리 에마」라고 부르는 것이다. 반드시 「무카사리 에마」만 바쳐지는 것이 아니다. 경우에 따라서는 신랑, 신부의 인형과 사진 등이 바쳐지기도 하는 것이다.

[立石寺에 바쳐진 무카사리에마]

사진: 萩原秀三郎씨 제공

이에 비해 오키나와의 「구소오. 누. 니이비치」라는 말은 사후세계의 후생(後生)을 의미하는 말 「구소오」와 결혼을 의미하는 「니이비치」와 결합한 말이다. 그러므로 그 말 자체가 사후결혼을 가리키는 후생결혼이라는 말이다. 그리고 「토오토메. 니이비치」의 「토오토메」는 사자를 모시는 사당을 가리키는 말이나, 때로는 사자 그 자체를 나타내는 말이기도 하다. 그러므로 그 의미는 「구소오. 누. 니이비치」와 같다[9]. 「뮤우토. 니게에」도 마찬가지이다. 이 말은 야에야마(八重山)의 이시가키지마(石垣島)의 지역 언어로서 죽은 영혼이 부부가 되기 위한 무속적인 제의라는 의미이다. 그러므로 본토의 「구소오. 누. 니이비치」와 같은 의미의 말로 볼 수 있는 것이다.[10]

그런데 이러한 일본의 사후결혼의 풍속은 언제부터 시작되었을까? 죽은 영령과 정분을 나누는 괴담은 일찍부터 있었다. 그러나 그것은 중국대륙으로부터 이입된 원형이 일본풍토에 수용되어 변화 발전하여 공통성을 띄게 된 것이지, 습속이 먼저 있고 설화가 그 영향 하에 생겨난 것으로 보기는 어렵다[11].

아닌게 아니라 결혼을 테마로 그려진 무카사리 에마 중 가장 오래된 것은 명치초기(1870년대)의 것이고, 그 밖의 대부분은 근래의 것이다. 그리하여 일본 연구자 카와무라 쿠니미

---

9) 櫻井德太郎, 앞의 책 pp445-446

10) 櫻井德太郎, 앞의 책 pp487-489

11) 諏訪春雄, 『日本の幽靈』(岩波新書. 1988年) p105.

츠(川村邦光)도 일본에 있어서 사후결혼은 근세 중기부터 실시된 것 같다고 추정했다[12]. 그리고 민속학자 타카마쯔(高松敬吉)도 주로 그 사례들을 아오모리현(青森縣)에서 찾았는데 이 지역에서의 사후결혼은 전후 전사자들의 영혼을 위로하기 위해 생겨났다고 보고한 바가 있다[13]. 이처럼 일본의 사후결혼은 중국문화의 영향과 관계없이 전쟁터에 나가 죽은 사람들의 영혼을 위로하기 위하여 생겨나 오늘날처럼 일반인들에게까지 확대된 것으로 추정되고 남음이 있다.

그러나 오키나와는 일본의 본토와는 사정과 달리 중국의 영향으로 생겨난 것 같다. 나중에도 언급하겠지만 오키나와의 사후결혼은 철저한 부계혈연사회에 기반을 두고 있다. 오키나와 본토에는 "문중(門中)"이라는 부계친족조직이 존재하는 데, 그 문중은 시조를 같이하는 총본가를 중심으로 한 부계의 본가와 분가의 관계에 의해서 형성되는 동족조직이기도 하지만 그것은 동일한 조상에 대해 제사를 지내는 단위조직이기도 하다.

많은 연구자들은 이러한 문중이 본래는 정책적으로 수도 중심의 지배계급의 신분을 고정화시키기 위해 중국으로부터 유입된 것이라고 보고 있다. 좀 더 정확하게 말하면 17세기경 오키나와 본토의 중남부의 수도 중심의 지배층 문화로서 일반화된 것이며 그 때 위패제사의 원칙과 가부제도(家譜制

---

12) 川村邦光「諸國一見の僧のメツセ-ジ」『これは民俗學ではない』<小松和彦編> (福武書店. 1989年) p139

13) 高松敬吉,「青森縣の冥婚」『豊田短期大學研究紀要(1)』(1991年)

度)와 함께 중국에서 도입된 것이다. 그것이 19세기 말경이 되면 사족뿐만 아니라 일반인에게도 확대되어 간다. 그러므로 위패는 지배층에 있어서는 17세기, 일반서민층에게는 19세기 후반부터 일반화되었던 것이다. 따라서 위패를 합사하는 사후결혼은 빨라도 17세기, 일반화되는 것은 19세기 이후로 보는 것이 정확할 것이다. 그러한 배경에서 일본의 민속학자 사쿠라이 토쿠타로(櫻井德太郎)도 사후결혼은 수리(首里) 등 수도를 중심으로 사족사회에서 재편성된 것이 지방으로 번져나간 것으로 추정하였던 것이다.[14)]

[오키나와의 위패]

14) 櫻井 德太郎. 앞의 책 p479

이를 뒷받침 하듯이 사후결혼은 오키나와 본토의 주변에서는 강하게 나타나지만 그곳과 비교적 멀리 떨어진 미야코군도(宮古群島) 및 야에야마 제도(八重山諸島)의 섬 등에는 그다지 강하지 않다. 그리고 미야코지마(宮古島)에서 사후혼인을 관장하는 샤먼인 유다의 대부분이 본토에서 이주를 해왔거나 그곳에 가서 무당이 되어 돌아온 자들이다.[15] 이처럼 오키나와의 사후결혼은 본토를 중심으로 지역으로 확대되어 간 것으로 보아 사후결혼은 오키나와에서 자생적으로 생겨난 것이 아니라 중국으로부터 부계를 중심으로 하는 친족문화가 전래되고 그것을 기반으로 하는 사회로 개편되면서 그 사이에 유다(샤먼)가 관여하여 만들어 낸 것으로 이해할 수 있다.

이러한 가정 하에 동아시아의 사후결혼을 들여다보면 그 원류는 중국에서 찾을 수 있으며, 그것이 부계를 중심으로 하는 유교문화와 함께 한국과 오키나와로 전래되어 갔음을 알 수 있다. 대만, 싱가폴, 홍콩 등지의 한인사회에서 사후결혼을 찾아볼 수 있는 것도 다름 아닌 그 원류가 중국에 있기 때문이다. 한편 중국으로부터 멀리 떨어진 일본의 경우는 그것과 관계없이 근세에 접어들어 자생적으로 발생했다고 할 수 있다.

이와 같이 지역마다 역사와 사회적인 배경은 다르지만 동아시아에 있어서 사후결혼은 이미 희귀한 민속이 아니라 보편성을 띈 오래된 역사를 가진 민속이라 하지 않을 수 없는 것이다.

---

15) 櫻井德太郎. 앞의 책 p479

2. 어떻게 치를까?

연구자들이 지역민들에게 사후결혼은 어떻게 치러지는가 하고 질문을 던지면 대부분이 "산 자와 같이 한다."고 대답하는 것이 일반적이다. 그런데 이를 연구하는 민속학자들은 두 가지 시점을 기준으로 분류하려고 노력하였다.

가령 한국의 최길성은 의례의 주관자(종교적 직능자)가 누구냐에 따라 무속형과 유교형으로 나누었고,[1] 일본의 타케다 아키라(竹田旦)는 유골과 위폐처리에 따라 유골중시형과 위패중시형으로 나누었는데, 그것이 충분하지 못하였음인지 그것에다 샤먼관여형이라는 또 하나의 형태를 첨부했다.[2]

여기에서 말하는 무속형이란 무당의 주관 하에 치러지는 것을 말하고, 유교형이란 유교식 제사에 의해 행하는 사후결혼을 말한다. 그리고 유골중시형이란 신부의 시신(유골)을 파내어 신랑의 묘지에 이장하여 합장하는 것을 유골중시형

---

1) 최길성, 「사후결혼의 의미」 『비교민속학(1)』(비교민속학회.1985년) p33

2) 竹田旦, 「東アジアにおける死靈結婚 -韓國の習俗を中心に」 『茨城大學教養部紀要(19)』(1987年) p37

이라 하고, 신랑 신부의 위패만을 가지고 합사하여 혼례를 치르는 것을 위패중시형이라 했으며, 결혼의례를 무당(샤먼)이 주관하는 것을 샤먼관여형이라 한다.

그러나 동아시아의 사후결혼이 이들의 이론에 따라 뚜렷하게 구분되어지는 것은 아니다. 경우에 따라서는 그러한 요소들이 복합되어 있는 경우도 적지 않게 나타나고 있으며, 또한 종교적 직능자가 일체 관여하지 않고 전통적인 혼례방법으로 치르는 경우도 많기 때문이다.

한편 유골과 위패의 처리는 지역의 장제와도 관련이 있다. 즉, 유골을 합사하지 못하는 지역은 대개 미혼사자에게 무덤을 만들어 주지 않는 지역인 경우가 많다. 그러므로 유골을 합사하려 해도 유골 자체가 없는 것이다. 따라서 이 지역의 사후결혼은 위패를 합사하고, 또 유골이 있는 경우에는 위패와 함께 유골을 합사하고 있을 뿐이다. 그리하여 여기에서는 일단 유골과 위패처리 보다도 주관하는 사람에 중점을 두어 정리하여 보기로 하자.

(1) 한국

a. 무속형

한국에 있어서 가장 널리 알려진 방법은 무당이 주관하는 결혼식이다. 필자가 조사한 것 중 한 사례를 소개하면 다음과 같다. 이 사례는 1978년 6월 부산 대연동에서 치러진 것이다.

<사례1>

부산시 대연동에 사는 정안기씨는 2남1녀 중 차남으로서 월남전에 참가하여 26세의 나이로 전사했다. 그로부터 1년 후 그의 어머니가 몽달귀신이라도 면하라는 배려로 사후결혼을 하게 되었다. 그의 어머니는 평소 궁합을 믿는 사람으로 궁합을 보아 상대를 구했으며, 그 상대는 무당의 소개로 알게 되었다. 신부는 울산출신 김모씨로 당시 24였는데, 부산에서 회사를 다니다가 연탄가스로 사망했다. 예물로서는 신랑집에서 결혼식 있기 일주일 전에 이불. 전자시계. 은반지. 한복 1벌을 함에 넣어 보냈고, 신부 쪽에서는 결혼식 당일 날 아침 이불과 전자시계. 은반지. 한복1벌을 해왔다. 신랑집은 단독주택 2층으로 오전 10시경 무당이 굿으로 영혼을 불러들인 후 오전11시경 결혼식이 행해졌다. 신방은 밤11시경 평소 신랑이 쓰던 2층 방에 차려졌다. 그 방법으로는 짚으로 신랑신부의 인형을 만들어 전통혼례의 형식으로 치러졌다. 신랑의 인형은 신랑의 형이 맡아했고, 신부의 것은 신부의 여동생이 맡아했다. 결혼식을 마친 후 신방으로 들어가 옷을 벗기고 나란히 눕힌 후 주안상을 차려 주었다. 그 다음날 아침 무당. 양가의 부모들이 들어가 보니 인형이 서로 마주보고 있었다 한다. 그리고 집 앞 공터에 인형. 옷. 예물 등을 모두 태웠다고 한다. 그 후 사돈끼리는 크고 작은 일에 서로 초대하고 있다 한다. 제사는 신랑의 형이 신랑이 사망한 날을 제삿날을 삼고 현재까지 지내고 있다. 처음에는 제사상만 차려놓고 절은 하지 않았는데, 형의 아들이 생기고부터는 그 아들들이 절을 하며 제사를 지낸다는 것이다.

여기에서 보아 알 수 있듯이 이 혼인은 처음부터 끝까지 무당에 의해 진행되었다. 굿을 통한 혼례라는 점 말고는 크게 산 자들과 별반 다를 바가 없었다. 다만 다른 것이 있다면 본인들 대신에 짚 인형(허제비)으로 의례를 치르는 점이다. 궁합까지 보아 상대를 구했다. 결혼예물도 준비했으며, 신혼여행은 떠나지 않았지만 인형의 옷을 벗겨 첫날밤마저 치르게 했다.

굿의 내용도 지역에 따라 조금씩 틀린다. 동해안지방에서는 무당들이 사후결혼의 의뢰를 받으면 「허제비굿」을 하고[3], 그리고 호남지방에서는 「저승혼사굿」, 「저승대사굿」, 「결혼굿」이라는 굿을 한다고 한다[4].

b. 유교형

최길성에 의하면 유교형의 사후결혼은 제주도에서만 보인다고 지적하고 있으나,[5] 실제로는 그렇지 않다. 전라지역에서도 그와 같은 예가 보고되고 있기 때문이다[6]. 그러므로 유교형의 사후결혼이 제주도에서만 국한되는 것이라고 하기는 어렵다. 다만 제주도가 그런 경향이 강하게 나타날 뿐이다.

유교식 사후결혼에 대해 최길성은 제주도의 것을 자세히 보고하고 있는데, 그것에 의하면 대개는 유교식 혼례처럼 신부 집에서 낮에 잔치 상을 차리고 주로 친척들만이 모이며, 남들은 참석하지 않는다 한다. 그리고 사진을 나란히 제단

---

3) 최길성, 앞의 논문 p11

4) 竹田旦,『祖靈祭祀と死靈結婚』(人文書院.1990年) p232

5) 최길성, 앞의 논문 p31

6) 竹田旦, 앞의 책 p226

위에 놓고 축문을 읽음으로써 행해지는데, 사후결혼의 말은 처음 신랑 측에서 꺼내는 것이 예의로 되어있고 큰상을 차리는 것이나 이부자리 등을 하는 것도 일반 결혼식에 준한다고 한다. 또 신랑이 신부 집에 올 때나 신부가 시집으로 들어갈 때 각각 큰상을 차린다고 한다[7].

한편 최재석은 묘지에서 치러지는 사후결혼을 소개하였는데, 그것에 의하면 먼저 신랑측 사람들이 신부의 묘로 가서 이장축(移葬祝)을 고하고 개봉한 후 운구하여 신랑의 묘에 묻어 쌍분을 만듦으로써 사후결혼의 예를 치르는 것도 있다 한다. 그 때 하관제를 지내고 하관한 후 성분한 다음 축문을 고하는데 그 내용을 소개하면 다음과 같다.

먼저 여자의 묘를 팔 때의 축문은 「維歲次干支某年干支朔某日某告于/亡女之靈旣有未今玆作配適于某官姓名之靈永世結緣形歸窆穸魂返室堂唯靈是憑是安」이고, 쌍분하고 읽는 축문은 「維歲次干支某年月日某敢昭告于/顯某官府君之靈亡某封某氏之靈體魂相応式遵礼夫婦配合永世結緣形歸窀穸魂返室堂唯靈舍旧從新是憑是依不勝悲念玆以酒饌陳此祫事尙饗」이라 한다[8]. 이처럼 유교형에도 집에서 치르는 경우와 묘지에서 치르는 두 가지 형태가 있음을 알 수 있다.

7) 최길성, 앞의 논문 p29

8) 최재석, 「제주도의 사후혼」『한국학보(13)』(일지사. 1978년) pp 113-114

c. 불교형

많은 민속학자들은 무속에 관심을 쏟은 나머지 불교사원에서 치르는 사후결혼에 대해서 그다지 관심을 기울이지 않았다. 그러나 그것이 언제부터 시작되었는지 잘 알 수 없지만 현재 한국에서는 무속형 보다 불교형이 훨씬 더 선호되고 있는 것은 사실이다. 특정 종파의 사찰에 국한되어 나타나는 것이 아니라 모든 종파에 걸쳐 일반적으로 보이는 보편적인 현상이다. 다음의 예는 울산에서 실제로 있었던 것이다.

<사례 2>

울산시 중구 방어동에 사는 정부윤씨(1946년생. 31세)는 4남 1녀 중 장남이었으나 병으로 사망했다. 맏아들이 결혼하지 않으면 밑에 동생들이 결혼할 수 없다 하여 그를 결혼시키기로 했다. 그리하여 1977년 동네사람들에게 부탁하여 처녀의 몸으로 죽은 울주구 강동면 정자리의 김모양(1951년생. 26세)을 소개받아 궁합도 서로 맞아 길일을 택해 가까운 절에서 혼례를 치렀다. 혼례는 전통혼례식으로 했고, 그 방법은 산 사람과 똑같이 했다. 혼례상에는 대나무, 과일, 떡, 꽃, 위패 등을 올려놓았다. 허제비는 만들지 않았다. 혼례의 주재는 이 절의 승려가 맡아서 진행했다. 간단한 혼례식이 끝나고 혼례상 위에 신랑측 조상의 위패가 올려지고 인사를 올린다. 그리고 나서 신방을 차려준다. 신방에는 이부자리를 펴고 그 위에 신랑. 신부의 위패를 올려놓고 문을 닫고 바깥에서 2시간가량 염불을 왼다. 2시간 가량 지난 후 신방 문을 열어보니 위패가 서로 붙어 있었다고 한다. 이는 서로 궁합이 잘 맞는다는 증거라고 해석했다. 모든 절차가 끝난 후 예물과 이불등은 모두 불태웠다. 제사는 신랑의 동생이 지낸다고 하며,

지낼 때 절은 동생의 큰아들이 한다고 한다.

사찰에서 치른다고 하여 그 방법이 획일적으로 되어있는 것이 아니다. 가령 위의 경우에는 무속형에서 보았던 것처럼 혼례가 다 끝난 후 첫날밤을 치르는 신방까지 차려 주었으나, 사찰의 성격에 따라 그와 같은 절차를 생략하는 경우도 많이 있는 것이다.

밀양시 삼랑진에 위치한 B사의 I라는 주지승은 사후결혼을 조계종단에서 편찬한 『통일법요집』에 근거하여 치루고 있었다. 그 의식순서는 (1) 개식선언 (2) 법사(주례)등단 (3) 신랑 신부 입장 (4) 삼귀의 (5) 반야심경 낭독 (6) 고불문 낭독 (7) 신랑 신부의 상견례 (8) 신랑 신부의 헌화 (9) 혼인서약 (10) 성혼선언 (11) 주례사 (12) 사홍서원 (13) 신랑 신부 내빈께 인사의 순이었다.9) 이런 과정이 다 끝난 후에 가족들과 친지들의 결혼기념사진촬영이 있는 경우도 있었다. 그리고 대부분의 사찰에서는 혼례가 끝난 후 두 영혼이 극락왕생할 수 있도록 천도제를 올린다고 했다.

---

9) 울산의 문수산에 위치한 M寺에서는 이와 약간의 차이를 보아 소개하면 다음과 같다. 즉, 개식→신랑 신부 입장→신랑 신부 소개→삼귀의례→신랑 신부 경례→상견례→헌화→고유문 낭독→신물교환→유고 및 선서(불공)→찬불제→내빈축사→사홍서원→폐식 이었다. 이처럼 사찰마다 약간씩 차이가 난다.

[울산의 한 사찰에서 치른 사후 결혼식]

그는 또 사후결혼을 다른 말로 화혼이라고도 한다고 했다. 그 이유를 석가의 전생담에서 유래한다 하며 그 내용을 다음과 같다고 일러 주었다. 즉, 옛날 선혜라는 수행자가 살고 있었다. 그는 자기의 마을에 연등부처님이 오신다는 소식을 듣고 부처님께 바칠 꽃을 찾아 나섰다. 그러나 모든 꽃집을 다녀 보아도 꽃이란 꽃은 다 팔려 나가고 한 송이도 없었다. 그러던 중에 그는 우연히 구리라는 여인이 운영하는 꽃집을 들르게 된다. 꽃이 있느냐 하고 묻는 말에 구리도 다 팔리고 한 송이도 없다고 했다. 그러자 그녀가 숨겨놓았던 7송이의 꽃이 저절로 솟아나 그만 들키고 만다. 그 꽃은 그녀가 부처님께 바칠 꽃이었다. 그러자 여인은 선혜에게 금생에서는 이룰 수 없지만 내생에서 서로 결혼하는 조건을 제시하고 이를 선혜가 받아들이자 그 꽃들을 주면서 다섯 송이는 선혜의 이름으로 나머지 두 송이는 자신의 이름으로 부처님께 바쳐달라고 하며 건네주었다. 그 덕분에 선혜는 연등부처님께 꽃을 바칠 수 있었다는 이야기이다.

이 이야기에 근거하여 금생이 아닌 후생에서 인연을 맺는 사후결혼을 불교에서 주관하고 있다고 주지승이 설명해 주었다. 사후결혼을 화혼(花婚)이라 하는 이유도 꽃을 통해 후생에서 두 사람의 인연이 맺어졌기 때문에 생겨난 말이라 했다. 또 결혼 시 신랑 신부가 부처님께 헌화를 할 때 신부는 2송이, 신랑은 5송이를 바치게 하는 이유도 바로 이 설화에서 그 유래를 찾고 있었다.

이와 유사한 이야기가 『사분율(四分律)』(제31)에도 보인다. 그것에 의하면 정광여래가 연꽃 성을 방문하였을 때 미가큐라는 수행승이 여래에게 연꽃을 바치려고 연꽃을 구하려고 하였으나 아무리 노력해도 구해지지 않았다. 이미 그곳의 왕이 꽃을 독차지하기 위하여 연꽃을 파는 것을 금지시켰기 때문이다. 바로 그 때 그를 사모하고 있던 솔라바다이라는 처녀가 자기 집 정원에서 7송이의 연꽃을 가지고 오자 그것을 사려는 미가큐를 향해 "어떻게 제가 당신에게 돈을 받고 꽃을 팔 수가 있겠습니까? 그 대신 한 가지 약속을 해주세요. 그것은 미래 영겁, 어디에 다시 태어난다 하더라도 언제까지나 우리들 두 사람은 떨어지지 않고 남편이라고 부르고 아내라고 부를 수 있는 몸으로 태어나도록 부탁합니다." 하고 말하며 연꽃을 내미는 것이었다. 그 중 다섯 송이는 미가큐의 강권에 의해서 500 냥을 받고 팔고, 나머지 두 송이는 미가큐에 주면서 다시 그녀는 "이 두 송이는 저의 뜻입니다. 아무쪼록 받아 주시기 바랍니다. 그래서 정광여래를 공양해주시기 바랍니다. 미래 영겁, 당신과 함께 끝까지 살겠다는 저의 소원의 증거로 말입니다."라고 말하는 것이었다. 그 꽃들을 모두 가지고 저 멀리에서 여래가 오는 모습을 보고 손에 들었던 일곱 송이의 연꽃을 여래의 머리 위에다 뿌렸다는 이야기이다.[10] 이처럼 불경에는 이승에서 못다 이룬 사랑을 후생(저승)에서 이루자는 의미의 이야기가 종종 발견되는 것이다. 이러한 설화를 기반으로 불교가 사후결혼에 참여할 수 있는 근거를 만들고 있을지도 모른다.

d. 통일교형

그 밖에 한국에는 통일교형이 있다. 보통 기독교인들은 사후결혼을 치르지 않는데 1984년 2월 20일 통일교회에서 독특한 영혼결혼식이 있어서 또 한번 세인들의 관심을 이끌었다. 그 내용을 소개하면 다음과 같다.

<사례 3>

결혼식은 교주 문선명씨의 둘째 아들 문홍진(1966년10월23일생)씨와 통일교의 제2인자인 박보희씨의 딸 박훈숙(1963년1월1일생)씨와의 결혼식이었다. 그런데 특이한 점은 신랑 문홍진씨는 이미 80년대 초반에 교통사고로 죽은 사람이었고, 신부 박훈숙씨는 살아있는 보통사람이었다. 흔히 이러한 결혼을 통일교에서는 축복결혼식이라고 하는데 이 때 홍진씨는 이미 사망하고 실물이 없기 때문에 그의 사진을 놓고 식

10) 불교문화연구회 『불교설화대전집(7) -般若龍船-』(문영출판사. 1981년) pp133-137

을 올렸으며 그 후 사진은 태우지 않고 그대로 보존하고 있다고 한다. 통일교에서는 문홍진씨가 죽은 날에 찬송과 기도를 올리고 생일날에는 생일음식도 마련해준다고 한다. 그 후 박훈숙씨는 남편의 성에 따라 자신의 성을 문씨로 바꾸었으며, 또 그녀에게는 문선명씨의 손자 문신철(1992년2월28일생)군을 양자로 받아 들여 키우고 있다.

통일교에서 무엇 때문에 어떤 교리를 근거로 하고 있는지 필자의 조사부족으로 아직 알 수 없다. 그리고 왜 신부로 하여금 신랑의 성을 따르게 했는지에 대해서도 아는 바가 없다. 그러나 혼인 시 신랑의 사진을 이용하고, 또 신랑의 조카에 해당하는 아이를 양자로 삼는 것은 통일교의 특유한 것이 아니다. 그것은 한국의 사후결혼에서 일반적으로 보이는 풍속이다. 그러므로 그 결혼이 기독교계통의 신흥종교에서 생겨났다 할지라도 한국의 전통풍속과 전혀 무관하다고 할 수 없을 것이다.

이처럼 한국의 사후결혼에는 무속형과 유교형과 불교형 그리고 통일교형이라는 다양한 형태의 사후결혼이 있음을 알 수 있는 것이다. 지금도 우리가 모르는 사이에 새로운 형태의 사후결혼이 생겨나고 있을지도 모른다.

(2) 일본

a. 혼합형

무속형과 불교형 그리고 신도형이 혼합되어 있다는 뜻이

다. 즉, 어떤 특정한 종교적 직능자가 독점하는 것이 아니라 다른 종교와 상호 역할 분담하여 이루어지는 것을 말하는 것이다. 이에 속하는 한 가지 사례를 든다면 다음과 같은 경우의 것을 들 수 있다.

<사례 4>

묘령의 여인이 몹쓸 피부병이 걸려 아무리 병원에 다녀도 낫지를 않았다. 그래서 샤먼(오나카마)에게 찾아가 그 이유를 물어보니, 샤먼이 말하기를 "그녀가 사는 현재의 집은 3백여 년 전에 살았던 성주의 딸의 혼령이 붙어있기 때문이다."고 말했다. 그 딸은 혼례 날짜를 잡아놓고 그만 불행하게도 화재로 인해 타죽고 말았다는 것이었다. 그 혼령의 원한이 피부병을 일으키는데, 그 여인을 결혼시켜주면 괜찮아 질 것이라고 샤먼이 말했다. 그리하여 若松寺에 「무카사리에마」를 봉납하였다. 그 후 5일 만에 그 피부병은 완전히 나았다[11].

이처럼 특정 개인이나 가정에 끊임없는 불행한 일이 일어나, 그 원인을 샤먼을 통해 알아낸 다음 「무카사리 에마」를 그려 불교의 사찰에 봉납하는 것이다. 즉, 무속에서 그 원인에 대한 해명과 방법을 가르쳐 줄뿐 그것을 봉납하고 제사를 받드는 일은 불교가 맡아서 하는 것이다.

한편 민간 무속인이 남녀 짚 인형을 가지고 결혼시킨 다음 신사의 경내에 묻는 경우도 있다. 가령, 아오모리현 쯔가루 지역에 있는 타카야마 이나리신사(高山稲荷神社)의 경우, 먼

11) 松崎憲三, 앞의 책 p83

저 신자가 짚 인형을 봉납하고, 그것을 다시 무속인으로 하여금 혼인시키고 나서 경내의 땅에 묻는다고 한다. 신사측에서는 의례에 관여하고 있지 않으나, 무속인과 의뢰자가 신사측에 인형을 의탁하고 있다는 점에 있어서 무속과 신도가 혼합된 모습을 엿볼 수 있는 것이다. 이처럼 일본에서는 무속과 불교, 그리고 무속과 신도의 혼합형이 있다.

b. 불교형

이 경우는 샤먼을 통해 사후결혼에 대한 지시를 받는 것이 아니라 불교승려의 지시에 따라 이루어지는 것을 말한다. 다음과 같은 사례가 여기에 속한다고 할 수 있다.

<사례 5>

에이즈에 관한 보도가 한창 유행하고 있을 때 어느 여성이 "내가 혹시 에이즈환자가 아닐까?"하는 의구심으로 인해 노이로제에 걸려 그만 죽고 말았다. 그 후 그녀는 그의 여동생 꿈에 자주 나타나 그 여동생이 노이로제에 걸려 몹시 고생하고 있었다. 그리하여 그녀의 가족이 若松寺를 찾아와 이를 상담한 끝에 「무카사리 에마」를 봉납했다. 그러자 그 여동생의 노이로제는 완전히 나았다[12].

이 경우는 샤먼을 통하지 않고 바로 불교사찰을 찾은 경우이다. 이처럼 일본의 사후결혼에는 샤먼이 관여하지 않고 불교승려가 관여하는 경우도 많다. 대개 이런 경우 「무카사리

---

12) 松崎憲三, 앞의 책 p82

에마」(인형 또는 사진)를 사찰의 본당에 가져가면 그것을 제단 위에 나란히 놓고 승려가 독경을 한다. 대개 그 독경은 『반야심경』과 『정토삼부경』 중 「무량수경」을 읽는 것이 보통이다. 그런 다음 사찰의 건물에 그것을 안치하거나 걸어놓음으로써 끝을 맺는 것이다. 아오모리현의 優婆寺(정토종)에서는 인형이 많이 봉납되는데, 그 인형은 3년간은 그 절에서 책임을 지고 보관하지만, 그 이후에는 소각 처분한다고 한다. 다만 유족들이 그에 따른 공양료를 지불하며 연장을 희망하는 경우에는 그 기간을 연장할 수도 있다고 한다[13].

[결혼하는 모습을 그린 무카사리에마]

사진: 山田愼也씨 제공

13) 高松敬吉, 앞의 논문 pp30-31

c. 신도형

야마가타현의 데바산잔 신사(出羽三山神社)의 본전 옆 건물 영제전(靈祭殿)에는 수많은 신부인형과 신랑인형이 봉납되어 있다. 이 경우 사제자가 신도계의 사자에 대한 공양의 례에 따라 진행하는데, 그 때 공양되는 노리토(祝詞)는 일반적인 「축사공양문(祝詞供養文)」이라고 한다. 그것을 관할하는 사제자도 사후결혼을 앞으로 어떻게 다루어야 할지 고민할 만큼 신도형은 시작된 지도 얼마 되지 않는 것 같다.

그런데 의외로 도쿄 시내 한복판에 위치한 야스쿠니신사(靖國神社)에서 그 같은 일을 대대적으로 행하고 있었다. 그 방법은 전쟁터에 나가서 죽은 남성들의 영정에 신부인형을 바치는 형태로 치러지고 있었다. 신사의 관계자에 의하면 1982년 사토오 타케이치(佐藤武一)의 모친이 신부인형을 봉납한 것이 최초라 한다. 그것을 본 유족들이 너도 나도 앞다투어 봉납하여 현재는 190여개나 이른다 한다.

사토오는 1945년 4월10일 오키나와전투에서 전사했다. 1982년 84세가 된 그의 어머니 사토오 나미씨는 자신의 아들 앞으로 한통의 편지와 함께 신부인형을 봉납했다. 그 편지의 내용을 소개하면 다음과 같다.

<사례 6>

「타케이치의 영전에. 타케이치야. 너는 정말 훌륭했다. 23세의 젊은 나이로 집을 떠나갈 때 "이번에 만날 때 야스쿠니신사에 와 주세요."라고 씩씩하게 웃으며 떠나갔던 너였다.

얼마나 어렵고 힘든 전쟁이었겠느냐. 오키나와의 격전에서 사라진 너이지만, 나이 먹은 이 엄마에게는 지금도 변함 없이 23세 너의 모습만 남아있다. 일본 남자로 태어나 결혼도 하지 못하고 사라져 버린 너를 생각하면 가슴이 메어져 오는구나. 오늘 여기에 일본에서 가장 아름다운 신부 사쿠라코(櫻子)를 너에게 바친다. 나도 84살이 되었기 때문에 건강을 유지하면 다시 만나러 오마. 제발 편안하게 잠들어라. 고맙다. 소화57(1982)년 3월 28일 엄마 나미로 부터」

여기에서 보는 것처럼 자신의 아들에게 가장 아름다운 신부를 바친다는 것은 그들이 말하는 영전결혼임을 알 수 있다. 더군다나 그 인형에게 사쿠라코라는 이름마저 붙여주었다. 이로써 그들은 부부가 된 셈이다. 이들의 신부인형은 현재 유취관(遊就館)에 전시되어있다.

[佐藤武一에게 바쳐진 신부 인형]

그 유취관의 전시실에는 타케이치의 것 말고도 5개의 인형이 더 전시되어있다. 그 인형들에 대해서 신사측은 "대동아 전쟁에서 사망한 사람의 대부분은 젊은이들이었다. 그 중에는 아내를 가지지 못하고 산화된 사람도 많다. 유족들은 독신으로 전사한 자식들을 위해, 형제를 위해 최소한의 소원과 기원을 담아 당 신사의 신전에 신부인형을 봉납했다."고 설명하고 있다.

이와 같이 야스쿠니신사측에 있어서 전사자의 영정 앞에 바쳐지는 신부인형은 갑자기 생겨난 새로운 풍속이 아니라 동북지역에서 행하여지고 있는 「무카사리 에마」의 전통을 잇고 있음을 알 수 있다. 사후결혼을 죽음을 관장하는 불교뿐만 아니라 신사에서도 행하여지고 있는 것이다. 신도에서는 그 역사가 짧은 만큼 의례가 정형화되기에는 앞으로 좀 더 시간이 필요로 할 것이다. 이처럼 일본의 사후결혼에는 혼합형과 불교형 그리고 신도형의 세 가지가 있는 것이다.

(3) 오키나와

a. 무속형

오키나와에는 특이하게도 무속형만 존재한다. 한국과 일본에서처럼 불교형과 신도형이 보이지 않는 것이다. 그만큼 오키나와의 사후결혼이 샤먼이 철저하게 관여하여 진행되어진다는 것을 의미한다.

어느 사후결혼이던 가장 바람직한 것은 위패와 유골이 모두 한꺼번에 합사되는 것이다. 그런데 그러한 일이 오키나와에서는 동시에 좀처럼 일어나지 않는다. 왜냐하면 특히 유골 합사의 경우 가족묘의 문을 열고 뼈를 끄집어내는 일이기에 우리와 같이 오키나와 사람들도 묘를 함부로 다루는 것이 아니라는 의식을 강하게 가지고 있기 때문이다. 그러기 위해서는 유다(무당)의 여러 가지 일진을 보고 별도로 날을 잡는다. 그러므로 대부분의 경우 위패부터 먼저 합사를 하는 것이다. 그리고 절차에 있어서도 집안과 유다에 따라 다양한 방법이 나올 수도 있다. 그러나 전체적인 흐름에서 보았을 때 대략 다음과 같다.

관계자들이 먼저 촌락의 최고신에게 사실을 알린 후 여자 집안의 문중 시조에게 보고한다. 그런 다음 집안에 거주하는 각종 신들에게도 보고하고 위패를 모신 제단에서 여자의 위패와 향로를 끄집어내어 보자기에 사서 남자 집으로 가져간다. 그리고는 앞에서 했던 것처럼 가택신과 조상들에게 보고한 후 여자의 이름을 위패를 모신 제단에 새로 새겨 넣고 여자의 위패는 태워버린다. 그리고 여자 집에서 가져간 향로에서 재를 끄집어내어 위패 태운 재와 함께 남자 쪽 향로에다 집어넣고, 만일 그 재가 남으면 집안의 나무 밑에 둔다. 그리고 참가자들이 잔치를 벌이며 결혼을 축하하는 것이다.[14)]

그러나 이것만으로 모든 것이 끝이 난 것이 아니다. 유골도 함께 합사하여야 완전하게 끝나는 것이다. 그런데 유골의

14) 澁谷研, 「沖繩冥界婚からみる女性の地位」 『常民文化(16)』(成城大學常民文化硏究會.1993年) pp57-60

이장은 함부로 할 수가 없다. 다음의 예는 그러한 사정을 잘 대변하고 있다.

<사례 7>

S씨(여성)의 부부에게는 어쩐 일인지 자식이 생기지 않았다. 부부 모두 건강하여 생활하는데 아무런 불편함이 없음에도 불구하고 자식이 생겨나지 않는 것을 이상하게 생각하고 유다(무당)에게 찾아가 그 원인을 물어보았다. 그 결과 친정 아버지의 전처 K씨가 아이를 임신하였으면서도 시어머니와 사이가 좋지 않아 이혼을 친정으로 돌아가 여자아이를 낳고 죽어 버렸다. 물론 장례식은 친정에서 치렀고, 또 위패도 친정에서 모시고 있다. 친정 아버지는 이혼 후 재혼을 하여 그 사이에서 장남과 자신이 태어났다. 그런데 전처인 K씨가 전 남편의 뼈 항아리에서 같이 살고 싶다고 원하고 있기 때문에 K씨의 유골과 위패를 전 남편이 있는 곳으로 이장하지 않으면 안된다는 것이다. 그리하여 하는 수 없이 먼저 위패를 옮겨오는 데는 마을사람들의 도움으로 할수 있었으나 유골이장은 하지 못하였다. 왜냐하면 묘지의 문을 열 때에는 까다로운 절차와 일정한 원칙이 있어야 하기 때문에 그것은 유다의 판단이 필요했다. 그러다가 3년 후 어느 날 친정 남동생(장남)이 철공소를 경영하여 경제적으로 윤택해져 지금까지의 오래된 무덤을 허물고 새롭게 깨끗하게 지었다. 그것을 계기로 유골을 옮기는 의례를 성대하게 치르고 축하연을 열고 결혼의 절차를 끝냈다[15].

이처럼 유골이장은 함부로 할 수가 없다. 유다의 판단과 지시에 따라 움직여야 하는 것이다. 그 절차는 관계자들이

15) 櫻井德太郎. 앞의 책 pp448-449

여자집의 묘지에 가서 결혼취지를 알리고 조상들의 허가를 받아 문을 열고 유골을 끄집어낸다. 그런 과정의 하나하나 진행할 때마다 유다의 가르침을 받는 것은 물론이다. 끄집어 낸 유골은 깨끗이 씻은 다음 용기에 넣어 남자의 묘지로 가져가서 천지신명과 조상들에게 고하고 합사한 다음 축하연을 열고 결혼의 절차를 끝내고 있듯이[16], 유다(무당)가 철저하게 처음부터 끝까지 관여하고 있다. 그러므로 오키나와의 사후결혼은 주관자의 입장에서 본다면 무속형이라 할 수 있고, 유골과 위패의 처리과정을 보면 위패 합사형과 유골 합사형이라는 두 가지 형태가 겸비되어있다고 할 수 있다.

(4) 중국

a. 무속형

지금까지 연구자들의 보고서에 의하면 중국의 사후결혼에 있어서 특정한 종교적 기능자가 관여한 흔적은 매우 드물다. 동남아시아의 한족사회도 예외는 아니다. 그러나 그러한 요소가 전혀 없었던 것은 아닌 것 같다. 그 예로 『작몽록(昨夢錄)』에 "미혼의 자녀가 요절한 경우 양가에서는 귀매인에게 의뢰하여 결혼시키는데, 이러한 의식을 치르지 않으면 남상귀(男祥鬼)와 여상귀(女祥鬼)가 되어 인간 세상에 죄악을 일으킨다."고 사후결혼에 대해 설명하면서 「사후결혼을 시켜준 귀매인(鬼媒人)에 대해서 양가에서는 폐건(幣巾)으로 보

16) 櫻井德太郎. 앞의 책 pp456-463

답을 하고, 귀매인은 매년 죽은 사람을 조사하여 생활비로 쓴다」는 내용이 있다.[17)]

여기에서 나타나는 귀매인에 대해 좀더 세심한 주의를 기울일 필요가 있다. 귀매인이란 홍콩에서는 죽은 사람끼리의 결혼을 전문적으로 취급하는 중매인을 말한다. 그는 상대를 구하기 위해 귀매인은 사자의 팔자, 출생, 사망연월일, 출생지와 사망지 그리고 생활환경, 가족관계, 성격, 기호 등을 상세히 물어 정보를 확보한 다음 그에 맞는 상대를 찾는다고 한다.[18)]

『작몽록』에 의하면 매인(媒人)은 가상(家)狀의 세첩(細帖)을 보고 부모의 명(命)으로서 기도하고 혼인에 대해서 점을 치고, 남자는 관대(冠帶), 여자는 裙陂를 갖추게 하고 남자의 묘에 주과(酒果)를 차리고 합혼을 시키는 데, 그 때 두개의 자리를 마련하고 또 두개의 깃발을 세우고 제사를 지낸다. 다 지내고 나서 깃발이 움직이면 사자들이 결혼을 기뻐한다는 표시로 이해한다. 그리고 혼인을 한 후 꿈을 통하여 신부는 시어머니에게, 사위는 장모에게 인사를 한다는 기록이 있다.[19)]

여기에서 보는 것처럼 귀매인은 사후결혼을 전문으로 하여 생활비를 벌어서 쓸 뿐만 아니라 무당과 같이 점도 치면

---

17) 廣田律子, 「文獻に見出せる冥婚習俗とその意味」『東アジアの死靈結婚』(岩田書店. 1993年) p432의 것을 재인용

18) 中生勝美, 「香港の冥婚と世界觀」『東アジアの死靈結婚』(岩田書店. 1993年) p386

19) 廣田律子, 앞의 논문 p432의 것을 재인용

서 사후결혼을 관장하였던 것이다. 이처럼 샤먼적인 성격을 지닌 귀매인이 있고, 또 그러한 그가 사자의 혼인을 주관한다는 것은 무속형의 사후결혼이 있었음을 방증하는 것으로 볼 수 있을 것이다.

b. 민간주도형

그러나 대부분의 사후결혼은 종교적 기능자가 관여하지 않는다. 민간의 판단에 따라 자체적으로 그들이 스스로 행하고 있다. 이러한 형태를 민간주도형이라고 부르기로 하자. 그 방법은 결혼의 형태에 따라서 조금씩 달라지기도 한다.

첫째 남녀가 모두 죽은 경우의 결혼식이다. 산동성(山東省)에서는 신랑 신부의 양가에서 서로 혼서를 교환하고 길일을 택하여 혼례를 치르는 데, 그 때 신랑 측에서는 흰 종이, 신부 측에서는 빨간 종이로 위패를 만든다. 매인은 당일 가마 안에 사다리를 넣어 그 위에 예복을 올리고 여자 집에서 그 위에 신부의 위패를 올린 다음 그것을 신랑 집으로 가져가서 위패를 가지고 결혼의식을 치른다. 여자 위패가 신랑 집으로 오면 여자의 시신을 넣은 관을 남자 측의 마을 바깥에 있는 밭에다 신랑의 관과 나란히 둔다. 혼례는 신랑의 여동생 또는 같은 항렬의 신랑보다 나이 어린 여자친척이 수탉 한 마리를 손에 들고 그것으로 신부 위패와 식을 올린다. 그리고 나서 신랑 위패로 신부 위패를 덮고서 앞마당에서 천지신의 앞에서 배천지(拜天地)의 예를 올리고 신혼방인 동방

(洞房)에 넣어둔다. 그러한 모든 절차가 끝나면 신랑 측의 문중 묘로 시신들을 옮겨 합장하고 신랑 신부의 위패를 태운다고 한다.[20)]

신부가 가마를 타고 시집에 가서 혼례를 치르고 신방을 차리는 일련의 과정에서 알 수 있는 것처럼 기본적으로는 산자와 별반 다를 바 없이 동일하게 치러진다. 양쪽 다 살아있는 경우가 아니기 때문에 그들을 대신하여 위패로서 혼례를 치르고 유골을 합사하는 형식을 갖추고 있는 것이 다르다면 다르다 할 수 있을 것이다. 아무튼 샤먼적인 종교적인 기능자가 관여하지 않고서 민간 자체의 힘으로 치르고 있다는 것은 동아시아에 있어서도 매우 특징적인 것이라 하지 않을 수 없다.

둘째는 위에서 보는 바와 같이 사후결혼은 위패와 유골을 합사하는 것이 가장 기본적인 형태를 취하지만 그렇지 못한 경우가 있다. 신랑 신부 중 어느 한쪽만이 살아있는 경우도 있기 때문이다. 그 중에서 남자가 죽고 여자가 살아있는 결혼식의 방법을 생각할 수가 있다. 이러한 경우는 근래에는 좀처럼 찾아보기 힘들지만 예전에는 있었던 모양이다. 1930년 이전의 문헌에 의하면 다음과 같은 간략하게 서술되어 있다. 즉, 여자는 남자 집에서 보내온 교자를 타고 신랑 집으로 들어가 시어머니를 만나 인사하고 신랑의 관으로 가서 통곡을 하며 상을 치른다고 하며, 마의(痲衣)를 입고 곡상봉(哭喪

---

20) 廣田律子, 앞의 논문 p434

棒)을 들고 곡을 하면서 신랑 집으로 가서 혼례를 치른다고 하며, 그리고 그 방법은 앞에서 본 바와 같이 위패를 안고 결혼식을 거행한다는 것이다.[21] 이처럼 상대의 한쪽이 사자라는 점, 그리고 그 속에 신랑의 장례절차와 이어진다는 점 이외에 그 방법에 대해서는 산 자와 크게 다르지 않는 것이다.

셋째는 남자가 살고 여자가 죽은 결혼식이다. 의례는 물론 혼수비용도 보통의 결혼과 마찬가지이다. 대만의 가용림(佳榕林)이라는 마을에서는 배우자가 결정이 나면 신랑 측으로부터 혼수비가 통상의 혼인처럼 보내어진다. 그러면 신부 측은 지참재(반지, 팔찌 등)를 보낸다. 만약 자매의 남편과 결혼하는 것이라면 자매가 혼수감으로 가지고 가지 않은 것으로 한다. 혼례 당일에는 신부의 위패를 쌀 됫박에 넣고 달력에 있는 여성사진을 이용하여 인형의 형태로 만들고 장신구 등을 달고 흰 천으로 만든 웨딩 드레스를 입힌다. 가능한 한 통상혼인 때의 신부의 모습으로 꾸민다. 보통 크기는 7,80센티 정도 되며, 그것보다 아주 큰 것도 있다. 만일 위패혼과 통상혼이 같은 날에 치러진다면 위패혼의 의례를 먼저 치러야 한다. 우선 신랑은 신부 집에 가서 위패를 맞이하여 자기 집으로 와서 <廳>의 신과 조상신에게 절을 올린다고 한다.[22]

이것에 의해서 혼인이 성립하게 되며 위패의 인형은 <청>에 놓여진다. 남편에게 이미 통상혼의 아내가 있다면 그녀는

---

21) 廣田律子, 앞의 논문 p433

22) 植野弘子, 「臺灣韓人社會の位牌婚とその變化」 『東アジアの死靈結婚』(岩田書店. 1993年) p357

위패혼의 아내에게 절을 한다. 그리고는 부부가 첫날밤을 치르는 <진방(進房)>을 행한다. 이 때 위패를 향해서 "진방을 위해서 같이 침실로 들어가자."고 권할 뿐 위패는 침실에 놓아두지 않는다. 만일 그 날에 통상혼도 행하여진다면 그 뒤 신랑은 통상혼의 아내를 맞이하러 가서 자기 집으로 돌아와 둘이서 신과 조상에게 절을 하고 <진방>을 신부와 함께 치른다.[23)]

비록 위패혼과 통상혼의 신부가 자매라 할지라도 우선 위패혼의 신부를 맞이하지 않으면 안되는 것이다. 그 후 피로연이 열린다. 통상혼에는 100-200여명이 참석하지만 위패혼의 경우는 30-40명 정도 가까운 친척만 참석한다. 연회가 끝나면 위패혼의 신부인형이나 의복은 태우고 위패는 제단에 안치된다. 그 날 밤 신랑은 위패혼의 아내에게 침실에 같이 들어가자고 권한다. 침대의 중앙에는 남편의 베개, 남편의 왼쪽에는 위패혼 아내의 베게, 오른쪽에는 통상혼 아내의 베게를 놓고 통상혼의 아내가 남편과 함께 잠을 잔다.[24)]

위패혼의 아내의 베게는 결혼 후 1개월가량 놓아둔다. 그 기간동안에는 식사 때도 위패혼의 아내를 위해서 식기를 준비하고, 또 수면과 식사 때에는 반드시 위패혼의 아내에게 권하지 않으면 안된다. 결혼식의 다음날에는 친정나들이를 하는데, 그 때 신랑은 위패혼의 아내에게 알리고 다녀온다. 통상혼의 아내가 있으면 같이 다녀온다. 만일 같은 날에 위

---

23) 植野弘子, 앞의 논문 p357

24) 植野弘子, 앞의 논문 p358

패혼과 통상혼을 같이 올렸다면 제일 먼저 위패혼의 아내의 집에 가고, 그 다음날에 통상혼의 아내 집으로 간다고 한다. 이처럼 죽은 여성을 결혼시킬 때 최대한 살아 있는 사람처럼 식을 올려 주었던 것이다.[25)]

이상에서 보았듯이 나라마다 지역마다 사후결혼의 방법이 조금씩 다르다. 한국에는 무속형과 유교형, 불교형, 그 밖에 통일교형도 보이는 한편, 일본에서는 혼합형, 불교형과 신도형이 보이며, 또 오키나와에는 철저하게 무속형만 보이며, 그에 비해 중국의 한족사회에는 무속과 민간주도형이 보이고 있는 것이다.

이와 같이 보았을 때 한국의 통일교형와 일본의 신도형은 독특한 상황에서 발생한 것이라 할지라도 한국과 일본의 불교는 죽음에 매우 적극적인 자세를 취하고 있음을 알 수 있다. 지역마다 사정에 따라 그 방법에 있어서 차이를 보이지만 동아시아에 있어서 가장 기본적인 공통점은 어느 지역에서나 나타나듯이 민간의 전통혼례식에 기초를 둔 무속이 관여하는 형태이다.

여러 가지 방법 가운데 시대의 변화에 따라 과거에 있었던 것이 현재에 없는 것도 있으며, 또 옛날에 없었던 것이 오늘날 새롭게 생겨난 것도 있다. 이러한 변화 속에서도 변하지 않는 것은 산 자와 똑같이 치러주고 싶은 유족들의 마음일 것이다. 그 결과 한국과 대만처럼 신방까지 차려주어 첫날밤을 치르게 하는 풍속마저 생겨나는 것이다.

---

25) 植野弘子, 앞의 논문 p358

3. 어떤 형태가 있을까?

사후결혼에서 발생할 수 있는 모든 가능성은 다음과 같이 세 가지의 형태를 생각할 수 있다. 그 첫째는 남녀가 모두 죽은 자의 형태로서 이를 편의상 남녀쌍방사형(男女雙方死型)이라고 하고, 둘째는 죽은 남자와 산 여자가 결혼으로 남사여생형(男死女生型)이라고 하며, 셋째는 산 남자와 죽은 여자의 결혼으로 이를 남생여사형(男生女死型)이라고 하자. 어느 나라이던 이 세 가지 경우 이외에 나오지는 않을 것 같다.

(1) 한국

a. 남녀쌍방사형

한국에서는 특이하게도 이상의 세 가지 형태 가운데 남녀쌍방사와 남사여생형만 보인다. 사후결혼의 대부분이 남녀쌍방사형이다. 그에 맞는 실예를 울산시 울주군 강동면 산하리 화암 마을에서 찾을 수가 있었다.

<사례 8>

1931년 3남 3녀 중 셋째로 태어난 박씨는 1950년 여름 그의 형들과 함께 6. 25에 참전하여 그만 전사하고 말았다. 당시 그의 나이 19세였다. 그 후 몇 십년이 지나 1981년부터는 그의 형수의 꿈에 박씨가 자주 나타나기 시작했고, 그러자 그의 형수가 갑자기 병이 나 신들린 사람처럼 미친 듯이 마구 돌아다니기까지 했다. 그리하여 시어머니(박씨의 모친)가 점을 보니까 막내아들의 영혼이 지금 며느리를 아프게 하고 있으니, 결혼시켜주면 나아질 것이라 하여 결혼을 시키기로 했다. 상대는 점쟁이에게 부탁하여 소개를 받았다. 여자는 울산시 중구 성안동에 사는 손씨의 딸로서 5남4녀 중 둘째였고, 20세의 나이로 죽은 아가씨였다. 결혼식은 1982년8월20일 신랑 집에서 무당들이 굿을 하면서 치러졌다. 신부 집에서는 신부의 어머니만 참석했다.

이처럼 결혼 전에 사망한 두 미혼 남녀를 결혼시키는 것이 전형적이다. 실제로 이 사례가 가장 많다. 그런 다음 부계친족 가운데서 양자를 받아들여 그 양자로 하여금 대를 잇게 하며, 그들의 제사를 지내게 하는 것이 가장 이상적이나 오늘날에는 그러한 형태의 사후결혼은 찾아보기 힘든다. 왜냐하면 자식을 많이 낳지 않는 시대에 이미 접어들어 자기 자식을 양자로 주는 부모가 없어졌기 때문이다.

결혼에 있어서 미혼남녀의 결합만 있는 것이 아니다. 경우에 따라서는 기혼자와 미혼자와의 결혼도 있고, 또 기혼자끼리의 결혼도 있다. 전자는 제주도의 일부지역에서만 보이고 다른 지역에서는 찾을 수 없기 때문에 매우 지역적이다. 그

반면 후자는 결혼식을 올리지 않고 살다가 죽은 부부를 훗날 자식들이 식을 올려주는 경우이기 때문에 지역을 초월하여 존재할 수 있다. 이러한 특수상황을 제외하면 남녀쌍방사의 대부분은 미혼남녀가 기본을 이룬다.

b. 남사여생형

한편 죽은 남자와 산 여자가 결혼하는 남사여생형도 존재한다. 대부분의 경우 두 사람은 사전에 결혼을 약속하였거나 아니면 실제 혼인상태라 할 수 있는 동거인이었거나, 또 특히 그들 사이에 아이(특히 아들)가 있는 경우가 압도적으로 많다. 2003년 SBS 방송국에서 인기리에 방영했던 "첫사랑"이라는 드라마에서도 그러한 내용이 잠깐 보였다. 스승과 제자 사이에 싹튼 사랑의 결과로 아이가 생기지만 불행히도 스승이 죽자 그 여인은 그 사랑을 간직하기 위해 죽은 스승과 결혼하는 것으로 최종회를 장식했다. 다음의 사례도 그와 유사하다.

<사례 9>

96년 어느 날 울산시 범서면 굴화리에 있는 B사의 주지 J스님은 갑자기 동강병원의 영안실로부터 연락을 받고 매우 특이한 사후결혼의 주례를 해준 경우가 있다. 그것은 죽은 남자와 산 여자와의 혼인이었다. 신랑은 교통사고로 죽은 남자였는데, 신부와는 몇 년 전부터 동거해왔으며, 그들 사이에는 아들 1명이 있었는데, 가족들이 장례를 치르기 전에 식을 올려주어야 한다 하여 급하게 장례와 함께 혼인을 올리게 되었던 것이다.

여기에서 보아 알 수 있듯이 이 혼인은 혼인만을 위한 의례가 아니라 장례와 함께 치러진다는데 그 특징이 있다. 또 하나의 예도 울산시 유곡동 B사의 주지승 L씨로부터 들은 얘기인데, 사연인 즉슨 어느 젊은 남녀가 결혼을 약속하고 예식장을 계약해놓고 살집도 마련해놓은 상태에서 어느 날 신랑이 오토바이를 타고 가다가 교통사고를 당하여 그만 죽고 말았다. 그의 시신을 동강병원의 영안실에 안치해놓고 장례식을 치르는 과정에서 소복을 입은 약혼녀와 간략히 혼례식도 올렸다는 것이다. 여기에서도 앞의 예와 같이 죽은 남자의 장례식과 함께 치러지고 있는 것이다.

이런 경우의 사후결혼은 최재석과 최길성의 보고서에서도 보인다. 최재석이 보고한 제주도의 예는 집안이 부유한 남자측이 노후봉양과 장례제사의 조건으로 의지할 곳이 없는 50세 가량의 독신미망인과 혼인시키고, 그 사이에 친지로부터 양자를 받아들였다는 것이다[1]. 그리고 최길성은 속초와 부산에서 그러한 예를 각각 한 가지 발견하여 보고하고 있는데, 그 경우들은 모두 식만 올리지 않았다 뿐이지 실제로 부부관계를 맺고 자식(임신)까지 있는 동거녀들이었다[2]. 이처럼 이러한 경우 신랑 신부는 살아 생전에 서로 어떤 관계를 맺고 알고 지내는 사이이었을 가능성이 높다. 통일교의 박훈

---

1) 최재석. 앞의 논문 pp119-122

2) 최길성. 앞의 논문 pp15-16

숙씨와 문홍진씨의 경우도 생전에 두 사람은 결혼을 약속한 사이었다. 그렇지 않으면 엄청난 일방적인 여성의 희생이 수반되는 것이기에 생면부지의 관계에서는 성립되기가 매우 힘든다.

(2) 일본

a. 남녀쌍방사형

일본의 민속학자 타케다 아키라(竹田旦)는 일본본토의 사후결혼에는 남녀쌍방사가 보이지 않고, 남생여사 그리고 남사여생형만 있다고 지적한 적이 있다.[3] 그러나 최근의 연구에 따르면 세 가지 형태가 모두 나타나고 있는 것으로 되어 있다. 그 중 첫째 남녀쌍방사형에 속하는 것으로서 다음과 같은 예를 들 수 있을 것이다.

<사례 10>

어느 부부에게 나이가 34세가 된 자식이 있었는데, 좀처럼 혼인이 이루어지지 않아 샤먼(오나카마)에 찾아가 그 이유를 물었더니 샤먼은 "미혼으로 죽은 형제 때문이다. 그들을 결혼시켜주면 괜찮을 것이다"라고 했다. 그리하여 남편의 남동생과 부인의 여동생을 「무카사리에마」에 신랑 신부로서 그려달라는 의뢰가 들어왔다[4].

---

3) 竹田旦, 앞의 논문 p37

4) 松崎憲三. 앞의 책 p88

<사례 11>

上山市 大門에 거주하던 S씨는 1943년 뉴기니아에서 전사했다. 그의 부모가 그를 결혼시키기로 마음먹고 久昌寺의 주지에게 찾아가 상의를 했다. 그러자 주지로부터 같은 大門에 사는 사람으로서 미혼에 죽은 여자가 있다는 말을 듣고 그 집에 찾아가 청혼을 했다. 그 집에서도 "어려서 죽은 딸에게는 생각지도 못했던 기쁜 일이오니, 기꺼이 서로 결혼시킵시다."고 찬성하여 1985년에 「무카사리에마」를 그려 절에 봉납했다. 그 이후 양가는 인척으로서 인간관계를 유지하고 있다 한다[5].

이상의 두 예는 마쯔자키 켄조(松崎憲三)에 의해 야마가타현에서 채집된 것이다. 이들 모두 남녀가 모두 죽은 경우이다. 그런데 <사례 10>에서는 남편의 남동생과 부인의 여동생을 혼인시킨 형태이므로 우리나라의 겹사돈과도 같다. 그러므로 이미 두 집안은 인척관계를 맺고 있는 것이다. 이에 비해 <사례 11>은 사전에 전혀 서로 알지 못한 집안이었으나, 승려의 소개로 혼인이 이루어져 인척관계로 발전한 경우이다. 이처럼 가공적인 인물과 결혼하지 않고, 실재의 인물과 결혼한다면 일본에서도 우리와 같이 사돈관계로 발전할 가능성은 매우 높다 하지 않을 수 없다.

b. 남사여생형

다음 사례도 마쯔자키가 1991년 7월 야마가타현(山形縣)

5) 松崎憲三, 앞의 책 p89

의 소재 若松寺에서 봉납된 「무카사리 에마」를 조사하면서 채집된 것인데, 그 내용을 소개하면 다음과 같다.

<사례 12>

봉납자는 아키다현(秋田縣) 本荘市에 거주하는 사토오(佐藤福夫)씨 부부와 그의 장모 아라이(荒井貞乃)씨이다. 공양대상자는 생후 40일 만에 사망한 貞乃씨의 장남과 사토우씨 부부의 장남과 차남으로 3장의 신랑 신부의 그림 즉, 「무카사리 에마」를 가지고 왔다. 그 그림은 사토오씨의 3남 부부가 크레용으로 그린 것이었다. 이 3남이 농협의 관광으로 若松寺를 방문하게 되었고, 그 때 「무카사리 에마」의 풍속에 대해 알게 되었다. 그래서 貞乃씨의 장남 50회 기일을 맞이하였을 때 "색시를 얻어주면 좋을 텐데..."라는 이야기가 나와 봉납을 하게 된 것이라 한다. 이에 편승하여 사토오씨 부부도 자신들의 자식들을 공양하기 위해 동행했다고 한다. 절의 주지는 이 3장의 그림을 사자의 생년월일과 계명을 기입한 후 영전에 두고 독경을 하며 공양했다. 이것이 곧 영전결혼이라는 것이다[6].

이 경우는 사망한 남자의 유족이 그를 결혼시키는 이야기이다. 그들이 관광한 若松寺에 가기 전까지 사후결혼에 대한 지식이 거의 없었다는 것은 그 만큼 사후결혼이 일반적이지 못하며, 또 그 역사가 짧다는 것을 의미하기도 한다. 그러나 그들이 취한 행동 가운데 특이한 사실은 우리나라와 같이 실제로 어디선가 죽은 여인을 구해 결혼시키는 것이 아니라,

---

6) 松崎憲三, 앞의 책 p82

가공적인 인물을 상정하여 그녀를 신부로 하여 그림으로 그녀와 함께 식을 올리거나 올린 광경을 그려 넣음으로써 결혼을 시키고 있다는 것이다.

c. 남생여사형

그러한 사례는 남자가 살고 여자가 죽은 경우에서도 찾아볼 수 있다. 다음의 사례도 마쯔자키가 야마가타(山形)에서 「무카사리 에마」를 전문적으로 그리는 화가에게서 수집한 것인데, 그 내용을 소개하면 다음과 같다.

<사례 13>

4남매 중 장녀가 미인으로 여러 남자들로부터 구혼이 많았다. 그러던 어느 날 그녀는 고열로 고통을 당하였으나 좀처럼 낫지를 않았다. 그래서 샤먼인 「오나카마」에게 가서 그 원인을 묻자 "5세 때 미혼인 채로 죽은 여동생이 질투를 하며 붙어있기 때문이다."라고 했다. 그래서 그 해결책으로 「무카사리 에마」를 빨리 만들어 봉납했다. 그러자 그녀의 열이 내리기 시작했다[7].

이 경우에서도 그 대상이 여인이지만 신랑으로 택한 것은 실제로 있었던 인물이 아니라 앞의 경우와 마찬가지로 가공적인 인물을 택해 그를 결혼의 상대로 식을 올리는 그림을 그려 넣어 그것을 절에다 봉납을 했던 것이다. 때로는 샤먼이 공창(空唱)을 통하여 결혼해야 할 상대가 사는 곳과 용모

7) 松崎憲三. 앞의 책 p88

적 특징 등을 비교적 상세히 말하는 경우도 있다. 이 때 가족들은 그 사람을 백방으로 수소문하여 찾아내어 그 사람에게 애원하여 사진을 한 장 얻어 그 사진을 토대로 「무카사리 에마」에 자기의 자식과 결혼하는 초상화를 그려 넣는 것도 있다고 한다.[8)]

그렇다고 해서 자신의 사진을 준 사람이 죽은 사자와 결혼할 의사가 있는 것이 아니다. 사진 그대로 사용하는 것이 아니라 그림을 그리는 것으로 보아 어느 특정 인물끼리의 결혼으로 보기가 어렵다. 그러므로 결혼한 양가집이 사돈관계가 성립되기란 불가능하다. 이러한 특징 때문에 일본의 사후결혼을 엄밀한 의미에서 결혼으로 볼 수 없다는 비판이 나올 수도 있다. 그러나 앞의 예에서 보았듯이 남녀쌍방사인 경우 다른 지역처럼 가공적인 인물이 아니라 실제의 인물인 예도 있고, 또 어느 한쪽이 가공적인 인물이라 하더라도 그 방법이 결혼이라는 양식을 빌려서 행하여지기 때문에 여기에서는 포괄적인 의미로 그것들도 사후결혼으로서 취급하였다. 그 결과 일본에는 남녀쌍방사형, 남생여사형, 남사여생형의 세 가지 형태를 모두 가지고 있다고 하겠다.

(3) 오키나와

a. 남녀쌍방사형

이에 비해 일본의 최남단 오키나와에는 어떠한 형태의 사

8) 櫻井德太郎, 앞의 책 p439

후결혼이 있을까? 같은 일본이면서도 특이하게도 본토와는 다르게 남녀쌍방사형과 남생여사형만이 보인다. 즉, 남사여생형이 보이지 않는 것이다. 먼저 남녀쌍방사형의 예부터 살펴보기로 하자. 여기에는 또다시 미혼사자형과 기혼사자형으로 나누어 생각할 수 있는데, 미혼사자끼리 결혼시킨 대표적인 예로서 다음과 같은 사례를 들 수가 있다.

<사례 14>

오키나와 시내에 사는 중년 여성 2명이 유다(샤먼)를 찾아와 사후결혼을 부탁했다. 두 사람은 서로 연애 중이었던 자녀들의 어머니들이었다. 그들의 자식들은 1975년 5월5일에 드라이브를 즐기다가 교통사고를 당해 중상을 입고 입원을 했으나 그만 사망하고 말았다. 시신은 각 가정으로 옮겨져 장례가 치러지고 각 가정의 묘소에 안치되었다. 49일이 다가오자 남자 집에서 "후생에는 독신자로 그냥 보낼 수 없다."고 생각하여 여자 집을 찾아 "우리의 자식들을 불구자로 그냥 놔둬서는 안됩니다. 후생결혼이라도 시켜 함께 있도록 합시다."고 구혼을 했다. 이에 여자 집에서도 "그렇게 하지요. 그렇게 하면 우리 딸도 불구자인 채 저 세상에 가지 않을 테니까요."하고 찬성하여 사후결혼을 시키기로 했다. 그리하여 그 의례를 유다에게 부탁하러 왔다는 것이었다[9].

이 사례는 사쿠라이 토쿠타로(櫻井德太郎)가 嘉手納村屋 출신의 토케지(渡慶次)라는 유다에게서 직접 들은 것이다. 이 결혼은 우리나라의 그것과도 크게 다르지 않다. 왜냐하면

9) 櫻井德太郎. 앞의 책 pp451-452

우리나라에 있어서도 사후결혼의 대부분은 미혼사자끼리의 결혼이기 때문이다. 그러나 다음과 같은 사례는 우리와는 상당히 다른 느낌을 준다.

<사례 15>

S는 18세 때 Y에게 시집을 갔다. 시어머니와 사이가 좋지 않아 시집살이를 고되게 살다가 몇 개월 후 이혼하여 친정으로 돌아갔다. 그 후 갑작스런 병으로 인해 그만 죽고 말았다. 친정에서는 그녀의 장례를 치르고 위패도 만들어 모셔주었다. 이 사실은 그녀의 친정 집 후손이 가계에 대해 유다에게 찾아와 점을 쳐본 결과 알게 된 것이다. 유다를 통해 S는 "전 남편에게 돌아가고 싶다. 자기 홀로 쓸쓸하게 친정의 묘에 묻혀있는 것은 좋지 않다. 만일에 전남편이 자기와 이혼한 후 후처를 얻어 지금 같은 뼈 항아리에 묻혀있다 하더라도 그 옆에 가서 마음을 안정시키고 싶다. 시어머니는 지독했지만 남편은 좋은 사람이었다. 빨리 그곳으로 가고 싶다."고 말했다. 이를 들은 유족들은 사후결혼을 서둘러 거행하였다는 것이다[10].

여기에서 우리는 선뜻 이해가지 않은 점을 한 가지 찾는다면 그 결혼이 예전에 정식으로 결혼식을 올리고 함께 생활했던 부부였다는 점이다. 그러므로 그들의 결혼은 새로운 상대를 만나는 신혼이 아니라 이혼한 부부의 재결합인 셈이다. 이런 경우의 사후결혼이 오키나와에서는 앞에서 본 미혼사자끼리의 결혼보다 훨씬 많다.

---

10) 櫻井德太郞. 앞의 책 p471

b. 남생여사형

한편 오키나와에는 한국에서 찾아 볼 수 없는 형태의 것이 또 하나가 있다. 그것은 다름 아닌 살아있는 남자와 죽은 여자와의 결혼이다. 그 대표적인 것으로 다음과 같은 사례를 들 수 있을 것이다.

<사례 16>

C의 몸이 갑자기 떨리는 것이 좀처럼 멈추지 않았다. 그래서 그 원인을 알기 위해 유다에게 찾아가 물었다. 그러자 유다는 B의 전처 A가 남편의 곁으로 자신의 유골을 옮기고 싶어서 그러는 것이라고 했다. A는 자식이 생겨나지 않았기 때문에 이혼 당해 친정으로 돌아가 그곳에서 죽고 말았다. 현재 친정의 묘지에 유골이 안치되어 있었다. 그리하여 C가 유다와 함께 A의 묘에 가서 "날을 새로이 잡아서 유골을 모시러 올 것이니 부디 성불하시길 바랍니다."하고 빌었다. 그 후 C의 몸은 깨끗이 치유되었다. 이 일은 A가 죽은 지 5-6년 후의 일이었다[11].

이상의 내용에서는 자세히 나타나 있지 않지만 이해를 돕기 위해 조금 보충 설명하면 C는 B의 후처이고, B의 전처는 A인데 남편인 B는 현재 죽지 않고 살아있는 상태이다. 그러므로 그들의 결혼은 남자가 살아있고 여자가 죽은 경우이다. 다시 말하여 전형적인 남생여사형의 결혼인 것이다. 그러므로 훗날 남편이 죽고 현재의 아내도 죽게 되면 남편의 곁에

---

11) 新垣智子, 「沖縄における冥婚」 『東アジアの死靈結婚』<松崎憲三編>(岩田書院.1993年)pp188-190

는 2명의 아내가 함께 자리를 잡게 된다. 그렇다고 해서 아무렇게나 자리 매김이 정해지는 것이 아니다. 여기에는 일정한 원칙이 있다. 전처라고 해서 후처보다 우선되는 것도 아니다.

아라가키 토모코(新垣智子)에 의하면 그것은 자식의 유무에 따른다고 한다. 즉, 자식을 낳은 여성은 남편과 같은 골호(뼈 항아리)에 들어가며, 자식을 낳지 못한 여성은 그 항아리 곁에 자신의 뼈가 들어있는 골호가 놓아지는데, 특히 자식 중에서도 장남을 낳은 자를 더 우선적으로 취급하는 것이다[12]. 이처럼 오키나와의 사후결혼을 크게 나누어 생각하면 남녀쌍방사형과 남생여사형이라는 두 가지 형태가 있다.

(4) 중국과 대만의 한족사회

a. 남녀쌍방사형

중국을 비롯한 아시아에 있어서 한족사회는 어떠한 형태의 사후결혼이 있을까? 현재 중국사회를 조사한다는 것은 쉽지 않다. 사회주의 체제가 들어서고, 또 문화혁명이 일어난 이후 급속하게 전통문화가 사라졌기 때문이다. 그러나 다행히도 1920년대 일본인들에 의해 몇몇 지역에 대하여 조사가 실시되어 『중국농촌관행조사』라는 보고서가 제출된 바가 있다.[13] 그것에 몇 가지 사후결혼에 대한 예도 소개되어 있는데

12) 新垣智子. 앞의 논문. p185

13) 中國農村慣行調査刊行會編『中國農村慣行調査』(岩波書店. 1953年)

그 중 10세 이하의 남녀 사자는 밭에 묻고 명혼을 행한다는 하북성과 산동성의 예를 소개하고 있다. 그들의 조사가 실제로 보고 관찰한 것이 아니라 마을사람들의 기억을 더듬어 인터뷰한 것이라는 단점을 가지고 있다. 그러나 최근 中生勝美씨는 홍콩에서 있었던 다음과 같은 실예를 소개하고 있다.

<사례 17>

1987년 중양절에 19세의 여성이 자택 앞에서 돌연 심장병을 일으켜 급사했다. 장례식을 치른 후 부친의 꿈에 죽은 딸이 자주 나타나 매우 외롭다고 애원했다. 부친은 친구에게 그와 같은 사실을 알리고 어떻게 하면 좋을지 상담했다. 그러자 친구는 어느 묘(廟)의 샤먼(「문미(問米)」 또는 「문미파(問米婆)」)을 소개하여 딸의 소망을 들었다. 샤먼은 딸의 이름, 생년월일, 사망연월일, 사망장소를 물었다. 그리고 딸의 영혼을 불러내어 딸의 불만과 요구를 들었다. 샤먼은 "혼자서 외롭니?"하고 묻자 딸은 "슬프다."고 대답하고 사라졌다. 그리고 부친이 샤먼에게 어떻게 하면 좋은가 하고 묻자 샤먼은 鬼結婚을 권했다. 그리하여 귀매인(鬼媒人)을 소개했다. 귀매인은 딸의 팔자, 출생, 사망연월일, 출생지와 사망지 그리고 생활환경, 가족관계, 성격, 기호 등을 상세히 물은 다음 21세의 나이로 물에 빠져 죽은 남성을 소개했다. 그리고는 다시 샤먼을 찾아가 쌍방의 가족과 귀매인이 지켜보는 가운데 죽은 남녀의 영혼을 불러내어 서로 결혼할 의사가 있는지 없는지를 물었다. 두 영혼이 결혼할 것을 합의하면 귀매인이 두 사람의 가족에게 결혼의 조건을 상담했다. 그 조건이란 「타제(打齊)」 「염경(念經)」「소의(燒衣)」에 관한 준비와 규모에 관한 것이었다. 그 비용은 4내지 5만 달러 정도 들었다. 매개인에게는 4내지 5천 달러를 지불했다.[14)]

여기에서 보듯이 중국의 남녀쌍방사형은 어느 지역과 크게 다를 바가 없다. 이러한 예는 앞에서 언급한 한대의 문헌 이외에도 송대의 『작몽록(昨夢錄)』등에도 결혼적령기에서 죽은 남녀를 귀매인을 소개로 합혼한다고 소개하고 있어 위의 것과 매우 유사하다. 이처럼 남녀쌍방사형의 사후결혼은 매우 일반적인 유형이었던 것이다.

b. 남사여생형

그런데 중국에서는 죽은 남자와 결혼하는 여성의 경우도 있었다. 그러한 예가 황켄신 감독의 94년 작품 「목인(木人)의 신부」라는 중국영화를 통해 세계에 소개되기도 했다. 내용은 어느 여성이 결혼식을 올리기 위해 신랑 집으로 가다가 마적 떼를 만나 납치되고, 그녀를 구하기 위해 나섰던 신랑은 그만 도적들에게 살해당하고 만다. 그 후 천신만고 끝에 탈출한 그녀는 신랑 집으로 찾아가 죽은 자와 혼인하고 그 집안의 며느리가 되었다. 그리고 그녀의 신혼 방에는 남편대신 목각인형이 주어졌다. 그들의 신혼생활은 그렇게 시작되었던 것이다. 그야말로 목각인형의 신부가 된 셈이었다. 영화는 사후결혼이 주제가 아니고, 또 내용이 가공적일 수 있지만 그러한 배경을 설정하였다는 것은 죽은 남자와 결혼하는 여성이 있었다는 과거의 풍속을 반영하는 것이라 볼 수

14) 中生勝美, 앞의 논문 p386

있다.

이러한 경우는 영화의 내용처럼 서로가 약혼한 사이인 경우에는 더욱 빈번하게 일어난다. 가령 『명사(明史)』(권301)의 「열녀전」에 의하면 현재 하남성의 상부(祥符)라는 지역에서 한 여인이 약혼한 남자가 죽자 그녀는 머리를 자르고 남자의 가슴에 놓자 남자의 모친은 그것을 정혼첩(定婚帖)으로 사두었다. 여인은 상복을 입었으며, 부모가 다른 집으로 시집보내려고 하자 자살했다. 사람들은 그녀를 남자와 합장했다고 한다.[15] 그리고 1930년대 이전의 것으로 보이는 『숙산적혼사소기(肅山的婚事瑣記)』의 「과문수절편(過門守節編)」에 의하면 절강성의 예로 정조관념이 중시되어 약혼중의 죽은 남자의 집으로 들어가 수절했다고 적고 있다.[16]

이러한 사실은 외국인의 기록에서도 확인할 수 있다. 이데 카즈오(井手和夫)는 1920년대와 30년대에 걸쳐 중국사회를 조사한 바 있는데 그것에 의하면 약혼 중의 남자에게 정절을 지키고 시부모를 모시는 여인의 이야기가 나온다. 만약 그녀가 다른 집으로 시집가면 사람들은 그녀를 부정시하였고, 또 예의를 모르는 사람으로 간주되었으며, 그녀의 양친마저 사람들로부터 이웃으로부터 웃음거리가 되었다고 했다.[17] 그리고 인류학자 토플레이(Topley)는 싱가폴에 사는 광동성(廣東省) 순덕현(順德縣) 출신의 한 여성이 죽은 남성과 명혼을

15) 廣田律子, 앞의 논문 p422

16) 廣田律子, 앞의 논문 p433

17) 廣田律子, 앞의 논문 p422에서 재인용

하였기 때문에 싱가폴에서 일을 한다 하더라도 그 남성의 아내로서 남성의 양친에게 송금을 계속하고 있다고 보고하고 있는 것이다.[18] 이처럼 죽은 남자와 혼인하여 그 집을 위하여 수절하는 형태의 사후결혼이 있었던 것이다.

c. 남생여사형

한편 살아 있는 남자가 죽은 여자와 결혼하는 경우도 많다. 대만의 경우 오히려 남사여생형이 매우 이례적이며 남생여사형이 보다 일반적이다. 왜냐하면 사후결혼의 대부분이 미혼사망여성의 가족구성원 또는 남성의 가족 구성원이 병이 들어 쉽게 회복되지 않고 그 원인을 규명하기 위해 샤먼에게 찾아가 물어보면 그 원인이 미혼여성의 영혼이 상대를 찾아 결혼하고자 하여 병을 일으킨 것이라 판정으로 인하여 치러지기 때문이다. 즉, 미혼여성의 결혼에 대한 적극적인 의지표명에 의해서 이루어지고 있는 것이다.

만일 그 여성이 약혼 중에 사망을 했더라면 사정은 달라질 수 있다. 1932년 전의 조사한 자료집에 약혼중의 여자가 사망한 경우 그 유해를 남자 집으로 옮기고 결혼의식을 거행하고 남자 집에서 매장했다는 광동성의 예를 찾아볼 수 있다.[19] 그리고 대만에서도 이러한 경우는 약혼자와 반드시 혼례를 치른다고 한다.[20] 그만큼 약혼이란 결혼에 준하는 자격

---

18) Topley, Majorie,1955, "Ghost Marriage among the Singapore Chinese :A Further Note", Man 56

19) 廣田律子, 앞의 논문 p422

을 가지고 있었다.

그러나 그렇지 않은 경우 죽은 여성과 혼인을 달갑게 생각할 남성은 아무도 없다. 그러므로 상대를 찾기란 여간 힘드는 것도 아니다. 그리하여 다음과 같은 방법이 강구되는 것 같다.

그 첫째는 길 가는 행인에게 부탁하는 방법이다. 여성의 유족이 금전을 빨간 종이지갑에 넣어 길에 버려두었다가 이것을 집어든 젊은 남자에게 결혼을 의뢰하는 방법이다. 만일 그가 거절하면 사람들은 악령의 저주가 내려진다고 하며 납득을 시킨다. 만일 그가 받아들이면 많은 지참금이 보내어지고 결혼식이 거행되고, 여자의 위패는 남자의 집으로 옮겨진다고 한다. 이러한 경우 대부분은 신랑과 신부의 양가는 서로 간의 인척관계가 발생되지 않는다고 한다.[21]

둘째는 가난한 남자를 선택하여 결혼시키는 방법이다. 앞에서 언급한 이데(井手和夫)의 보고서에는 복건성의 경우의 것을 들고 있는데, 미혼인 상태에서 죽은 딸이 있으면 양친은 딸에게 약혼자가 없는 경우에는 큰돈을 지불하고 사람을 사서 사위로 삼기도 한다고 했으며, 또 경우에 따라서는 거지를 고용하는 경우도 있다고 한다.

그와 비슷한 사태가 대만에서 자주 일어난다. 대만의 사후결혼을 보면 경제적인 부분이 매우 크게 작용한다. 남자측이

---

20) 植野弘子, 앞의 논문 p351

21) 中田睦子,「冥婚から陰陽合婚へ」『季刊 人類學(10-3)』(京都大學人類學硏究會. 1979年) p16

보통혼인의 혼수비용 이상으로 지참금을 기대하는 경우가 많은 것이다. 여성이 가져가는 지참금은 사후결혼의 경우에는 남편의 가족의 것이 되며, 이것에 의해 남편 및 그의 가족은 경제적인 이익을 얻을 수가 있다. 죽은 여성의 친정은 결혼 후도 남편의 가족과 좋은 관계를 가지려고 노력한다. 그러기 위해서는 여성의 친정으로서는 지속적인 경제적인 지원하는 경우도 발생하기 때문에 경제적으로 커다란 부담이 되지 않을 수 없는 것이다.[22] 일본인 학자 우에노 히로코(植野弘子)는 다음과 같은 재미있는 사례를 소개했다.

<사례 18>

A는 1951년에 결혼하였으나 생활은 매우 힘들었다. 당시 가족은 부모와 형제부부와 같이 생활을 하는 합동가족형태를 취하고 있었으나 1958년에 분가를 하여 부부가족형태를 취할 수가 있었다. A는 오랫동안 몸이 좋지 않았다. 그리하여 분가를 계기로 몸 건강을 챙기려고 노력하였다. 그리하여 약을 사서 먹었으나 좋아지지 않아서 "이것은 무언가 원인이 있는 것이 아닌가?"하고 생각하고 신에게 묻기로 했다. 이웃 마을에 잘 본다는 무당이 있어 그곳을 찾아갔다. 그러자 점장이가 그 마을에 미혼으로 사망한 여인이 있는데 그녀가 A에게 시집가고 싶어서 그것을 알리기 위해 A를 병들게 했다는 것이다. A는 위패를 취하고 싶지 않았으나 "어찌할 수 없다." 고 생각하고 위패의 아내를 맞이하기로 했다. 혼수비는 보통결혼과 마찬가지로 준비하고 위패혼의 아내는 당시로서는 고가의 살림이라 할 수 있는 미싱, 자전거, 선풍기를 가지고 왔

22) 植野弘子, 앞의 논문 p366

다. 결혼한 후 A는 건강해졌으며, 위패의 아내가 가지고 온 자전거로 타이난시(台南市)로 일하러 다니게 되어 이것이 A로서는 하나의 전기가 되었다 한다. 위패혼 이전에 A에게는 장남과 장녀가 있고, A는 더 이상 자식은 필요 없다고 느끼고 있었으나 위패혼의 아내에게도 자식이 필요하다고 생각하고 자식을 더 낳기로 했다. 그리하여 차녀와 차남이 태어났다. 이 아이들의 출산 때 외가로부터 보내오는 선물은 위패혼 아내의 친정에서 행하였다. 또 대만에는 아이가 태어나 1개월 되면 외가를 방문하는 풍속이 있는데, 그 때 위패혼 아내의 친정집을 방문하였다 한다. 그러나 차남은 2세가 되지 못하고 죽고 말았다. 그리하여 아이를 더 낳아보았지만 딸이었다. 결국 위패의 아내에게는 "효남(孝男)"이라고 쓸 자식이 없어 "언젠가는 장남의 이름을 적지 않으면 안될 것이라고 생각하고 있다.[23]

여기에서 위패혼이란 사후결혼을 말한다. 위의 사례가 비록 병 치료를 위해 살아있는 남성이 처자식이 있음에도 불구하고 사후결혼을 하게 된 것처럼 서술되어 있지만 그가 결혼함으로써 얻어지는 경제적인 이익은 실로 큰 것이었다. 당시 고가상품인 미싱, 자전거, 선풍기 등이 생겼고, 특히 자전거는 그가 일자리로 다니는데 중요한 교통수단이 되었다. 그리고 자녀들을 낳았을 때도 아이에게 필요한 물품은 위패혼의 아내 친정에서 보내어지고 있다. 이처럼 그는 죽은 여성과 결혼함으로써 경제적인 이익을 보고 있는 것이다. 심지어 남성이 자신의 집을 지을 때 그 자금을 위패혼 아내의 집에서

23) 植野弘子, 앞의 논문 pp361-362

빌리고 있는 예도 있다. 이러한 사정을 감안하여 보았을 때 죽은 여자와 결혼하는 남자의 대부분은 상대적으로 여성 측보다 경제적으로 가난한 자들이 많은 것도 더 이상 이상한 일이 못된다.

이러한 문제를 해결하기 위해서 고안한 것이 세 번째의 죽은 여성의 자매의 신랑과 결혼하는 방법이다. 이는 경제적인 부담을 줄이고, 또 상대와의 인척관계를 보다 단순화하는데 큰 도움을 준다. 인류학자 조단(Jordon)에 의하면 타이페이(台北)의 북부지역인 보안(保安)에서는 가족 중 누가 병이 들어 의사의 치료를 받아 보지만 별 효과가 없을 때 샤먼을 찾아 점을 치게 되는데 그 결과가 가족 가운데 결혼 전에 죽은 여성이 있어서 그러하다는 것이 나오면 사후결혼을 행하는데, 여기에서도 죽은 여성의 여자형제의 남편과 혼인하는 것이 대부분이라 한다.24)

실제로 필자가 대만의 타이난시(台南市)에서 만난 61세의 謝男山씨도 자신의 처형과 사후 결혼한 사람이었다. 그의 말을 빌리면, 결혼 후 집안 좋지 못한 일이 자꾸 생기고, 또 몸도 좋지 않아 무속인을 찾아가 상의를 하였더니, 사후 결혼을 하는것이 좋다고 했다. 때마침 자신의 아내에게 생후 1개월 만에 죽은 언니가 있었다. 그리고 처가에서도 계속 좋지 못한 일들이 생겨 두 집안은 서로 결혼시키기로 결정하고 신랑집에서 친척들을 초청하여 살아있는 사람과 같이 결혼식

24) Jordon, Darid K,1972, Gods, Ghosts and Ancestors, Univ. of California Press pp140-154

을 거행하였다 한다. 그후 1개월동안은 죽은 아내의 위패를 살아있는 사람과 똑같이 취급하여 식사때에도 밥을 차려두고, 잠자리도 같이 하였다고 한다. 그리고 나서는 조상들에게 보고한 후 위패를 합사하였다고 한다.

[대만의 가족묘]

이런 경우 남편은 아내 두 명을 가지게 되는 것이며, 사후결혼의 아내를 자기 집안의 조당(祖堂)에 모시고 제사지내는 의무를 지게 되는 것이다.

이렇게 되면 결혼의 상대를 멀리서 찾을 필요도 없고, 또 그로 인해 새로운 인척관계가 형성되어 여러 가지 복잡한 교제를 하지 않아도 되며, 또 생존하는 현재의 아내와는 자매관계이기 때문에 크게 갈등을 일으키지 않을 것이며, 또 양자로 삼는 경우 그에게는 이모이기 때문에 낮선 타인보다 훨씬 더 가깝게 느낄 수 있는 장점을 지니고 있는 것이다. 그리하여 오늘날 대만에서는 이 경우가 가장 인기가 높다.

넷째는 자기 팔자에 두 번 결혼할 운명을 가지고 있는 남자가 죽은 여성과 결혼하는 경우이다. 이 경우는 매우 특별한 케이스이다. 그에 대한 사례가 울프(Wolf)에 의해서 보고된 바가 있다. 그것에 의하면 타이페이(台北)의 분지에 있는 객인촌(客人村)에 사는 어떤 기혼 남성이 점을 쳤더니 일생에 두 번 결혼할 팔자라는 점괘가 나왔다. 그것은 현재의 부인과 사별하거나 이혼하지 않으면 안된다는 것과 같은 말이었다. 그에게는 이미 처자식이 있었기 때문에 그 불행을 피하기 위해서는 죽은 여성과 결혼하면 그 운을 넘길 수 있다고 생각하여 그의 이모가 중개인이 되어 최근 15세의 나이로 죽은 인근의 여성과 결혼을 했다는 것이다[25)]

이와 같이 중국의 사후결혼은 여러 가지 사정과 이유가 있겠지만 형태론적으로는 남녀쌍방사형, 남사여생형 그리고 남생여사형의 세 가지 형태가 존재함으로 알 수 있는 것이다.

---

25) Wolf, Arther P,1974, Religion and Ritual in Chinese Society (『中國社會之宗教與儀式』虹橋書店) p150

4. 무엇 때문에 하는 것일까?

이처럼 사람들은 무엇 때문에 이토록 죽은 영혼을 끈질기게 결혼시키려고 하는 것일까? 그것이 성립되기 위해서는 무엇보다 먼저 사후세계를 현실세계의 확대라는 인식이 있어야 한다. 그렇지 않으면 사후결혼은 나올 수가 없다. 그렇다면 동아시아인들은 무엇 때문에 사후결혼을 시키는지 그 목적을 지역별로 나누어 살펴보기로 하자.

(1) 한국

한국인들이 사후결혼을 시키는 이유에 대해서 지금까지 여러 가지 해석을 내리고 있다. 가령 최재석은 무적귀신의 고혼을 달래주는 것과 더불어 양자를 받아들이기 위한 것이라고 보았고[1], 김택규는 미혼에 죽은 원혼의 한을 풀어주려는데 있겠으나, 일면 가계계승을 위한 의제혈연의식의 뜻도 큰 것이라고 했으며[2], 김인회도 사령으로 하여금 결혼 못한

---

1) 최재석. 앞의 논문 p126

2) 김택규 『씨족부락의 구조연구』(일조각.1979년) p308

채 죽은 한을 풀기 위한 것과 완전한 조상을 만들기 위한 것이라고 생각했다[3].

이상의 해석은 조금씩 표현만 달리했을 뿐이지 궁극적으로 간단히 정리하면 다음과 같이 두 가지로 요약할 수 있다. 그 하나는 고혼을 위로하는 것이고, 또 다른 하나는 사후 양자를 받아들여 조상을 만들기 위함이다. 이를 뒷받침하기 위해서라도 좀 더 세부적으로 살펴볼 필요가 있다.

내가 조사한 사례들 가운데 울산의 어느 마을에서는 한국전쟁 당시 전사한 영혼이 그의 형수의 몸에 붙어 병을 유발시키는 바람에 이를 치유하기 위해서 행하여지는 경우가 있었다. 이는 결혼하지 못하고 죽은 처녀(손각씨) 총각(몽달귀)은 사후에 원귀가 되어 산 사람의 신변에 나타나 해코지한다는 속신이 강하게 반영된 것이었다. 이를 달래어 몸에서 떨어지게 하여 병을 나으려는 것이 가장 큰 목적이었다. 그러므로 이는 일종의 위령제이기도 한 것이다. 또 죽은 영혼이 가족들에게 불행을 초래하지는 않았지만 위령(해원)의 차원에서 사후결혼을 시키는 예는 몽달귀만이라도 면하라는 의미에서 치러진 경우도 있었다.

그리고 사후에 그대로 방치해놓으면 저승에서 독신자로 있게 될 것을 염려하여 치르는 예도 있었다. 그러한 염려 때문에 이혼 당한 기혼남을 다시 재혼시키는 경우도 생겨났다. 사후 저승에서 독신남으로서 지내게 되어야 할 처지를 고려

---

3) 김인회「수영도 수망굿과 무속에서의 죽음의 교육적 의미」『교육논총(3)』(건국대 교육대학원. 1983년) p88

하여 아들이 상대를 구해 혼례를 치르는 예가 제주에서도 있었다. 이러한 것들은 모두 죽은 영혼을 달래기 위한 목적이었다.

한편 양자를 받아들이기 위한 목적에서 치러지는 것도 있다. 우리가 흔히 말하는 「백골양자」 「사후양자」 「신주양자」라고 부르는 것이 바로 그 예들이다. 그들은 대개 신랑의 친족 중 조카뻘에 해당되는 사람들에게서 선택되어졌다. 양자로 하여금 그들의 제사를 계승케 함으로써 그들은 완전한 조상이 되는 것이다. 이처럼 미혼으로 죽은 영혼으로 하여금 조령으로 승격시켜주기 위한 사후결혼이 있는 것이다. 한국의 사후결혼은 위령(해원)과 조상을 만들어 주기 위해 치러주고 있다고 할 수 있다.

(2) 일본

이에 비해 일본인들은 위령(해원)의 목적으로만 행하고 있는 데 그 특징이 있다. 첫째로 순수하게 위로의 차원에서 이루어지는 경우의 이면에는 죽은 자도 나이를 먹는다는 의식이 짙게 깔려져 있다. 그래서 죽은 아이가 유치원이나 초등학교 입학할 나이가 되면 부모들은 새로운 입학복과 책가방을 둘러매고 부모와 함께 학교에 가는 그림을 봉납하고, 또 사자가 나이를 먹어 적령기가 되면 다시 유족들은 결혼 그림 혹은 결혼 인형을 봉납하는 것이다. 이와 같이 동북지방의 일본인들은 아주 어릴 때 죽은 자라도 적령기에 접어들면 결혼의 그림을 그려 위로하였던 것이다. 하물며 적령기에 사망한 자는 두말할 나위가 없다.

[엄마 손을 잡고 입학식에 가는 그림]

사진: 山田愼也씨 제공

이러한 경우에는 순수하게 위로의 차원에서 이루어진다고 하겠지만 다른 한편으로는 죽은 자의 한을 풀어주기 위해서도 치러지기도 한다. 대개 이 경우는 신체에 이상이 생기거나 집안에 불행한 일이 연속적으로 생겨나 그 원인을 샤먼에게 찾아가 점을 쳐본 결과 그것이 죽은 영혼의 해코지로 판명된 경우에 행하여진다. 그 대표적인 예로 다음과 같은 사례를 들 수 있을 것이다.

<사례 19>

모 여인의 딸이 결혼했음에도 불구하고 좀처럼 임신이 되지 않는다. 만일 임신이 되었다 하더라도 곧 유산되어 버린다. 그리하여 그녀는 딸과 명산대찰로 찾아다니며 기도를 했다. 그러던 어느 날 이상한 꿈을 꾸었다. 그것은 어떤 군인이 무언가 말을 걸려고 하는 모습으로 자신을 물끄러미 바라보는 그런 꿈이었다. 그 군인은 한번도 본 적이 없는 사람이었다. 집으로 돌아와 남편에게 말을 했더니 戰前에 남편의 형이 전쟁에 출정하여 전사했다고 했다. 옛 사진첩에서 꿈에서 본 그 남자의 얼굴과 똑같은 사진을 찾아내기도 했다. 아오모리시(青森市)에 살고 있었기 때문에 인근에 사는 샤먼에게 찾아가 점을 쳐보았다. 그 결과 샤먼은 지금까지 전사한 남편의 형의 영혼을 모셔주는 사람이 없고 방치되어왔다. 조카딸이 결혼하여 가정을 이루었음에도 불구하고 자신은 아직까지 독신으로 남아 외롭게 지내고 있다. 그 때문에 조카딸의 자식을 유산시키는 것이라고 했다. 그리하여 신부인형을 사서 봉납했다고 한다[4].

이 경우의 사자는 자신을 모셔주지 않는 유족들에게 한을 품고 조카딸에게 임신을 하지 못하게 하며 자신의 의사를 전하였다. 그 원한을 풀어주고 위로하기 위해 가족들은 신부 인형을 사서 그와 결혼시켰던 것이다. 또 어떤 경우에는 5세 때 죽은 여동생이 언니에게 질투를 느껴 언니의 결혼을 방해하는 사령의 원한을 풀기 위해서 사후결혼을 올리고, 또 자기가 살았던 집터에 살고 있는 여인에게 피부병을 일으켜 낫지 않게 한 사령의 한을 풀기 위해서도 치러지는 것도 있었다.

4) 高松敬吉. 앞의 논문 pp35-36

이처럼 일본의 사후결혼은 위로와 해원의 목적에서 행하여지고 있는 것이다. 즉, 일본에서는 다른 지역에서처럼 양자를 받아들여 조상으로 승격시키는 예는 일체 보이지 않는 것이다.

(3) 오키나와

오키나와에 있어서 사후결혼의 목적을 다케다 아키라(竹田旦)는 죽은 영혼의 원념을 풀고 위로하고 그 결과로서 그 영혼을 조상으로 승격시키는 데 있다고 했다[5]. 오키나와에서는 가족의 급병, 불의의 사고, 가축의 돌연사 등의 집안의 불행이 속출하면 「유다」와 같은 샤먼에게 찾아가 점을 치는데, 그러면 대개 (1)이혼하여 죽은 여성 (2)약혼한 상태에서 죽은 여성 (3)연애상태에서 죽은 여성 (4)정식 혼례를 치르지 않고 죽은 아내 등의 영혼이 결혼을 요구하며 유족이나 자손들에게 해코지하는 것이라는 점괘가 나온다. 그리하여 가족들은 그 원한을 풀기 위해 사후결혼을 거행하여 영혼을 달래는 것이라고 다케다는 설명했던 것이다[6].

(2)(3)(4)는 사고사로 인해 발생하는 것이기에 그렇게 많지 않다. 그 중에서 가장 많이 발견되는 일반적인 것이 (1)의 형태이다. 대개 앞에서도 보았듯이 이혼녀가 전남편에 돌아가고자 하는 자신의 의지를 전남편의 가족 및 자신의 가족들

5) 竹田旦. 앞의 책 p173

6) 竹田旦. 앞의 책 p173

에게 여러 가지 형태로 불행한 사건을 일으키는 것이다. 즉, 그녀는 일종의 해코지하는 원귀였던 셈이다.

그러한 원념을 풀기 위해서 전 남편의 가족들은 그녀의 희망대로 사후결혼을 통하여 전남편과 후처가 묻혀있는 곳으로 유골을 이장하여 묻어 준다. 그 결과 전남편은 살아서는 일부일처였지만 죽어서는 두 명의 아내를 가지는 일부다처제의 형태를 취하게 되는 것이다.

사쿠라이 토쿠타로(櫻井德太郞)는 이런 경우에 대략 두 가지 유형이 있는데, 한 가지는 앞에서 본 이혼녀가 재혼하지 않은 경우와 또 다른 한 가지는 이혼한 후 다른 사람과 재혼하여 살다가 죽은 여성의 경우가 있다고 했다[7]. 후자에 속하는 사례 한 가지를 들면 다음과 같다.

<사례 20>

B는 C와 이혼한 후 다른 남성과 재혼을 하여 아들을 낳았다. 그러나 C의 부모가 "B는 우리 집 장남도 낳았고 부모에게 효성이 지극했기 때문에 반드시 우리들의 묘에 넣고 싶다."고 생전에 간절히 원했다. 그리고 B도 그것을 원했었다고 한다. 하지만 F의 대가 되어 브라질로 이민을 갔기 때문에 B의 유골은 재혼한 집안의 묘지에 그대로 안치되어 있었다. 그래서 언젠가는 사후결혼 시켜 이장시키지 않으면 안된다고 한다[8].

오키나와의 사후결혼의 대부분은 전자에 속하지만 후자의

---

7) 櫻井德太郞. 앞의 책 p447

8) 新垣智子, 앞의 논문 p190

경우는 매우 희귀한 사례에 속한다. 왜냐하면 이혼녀가 재혼할 경우 대부분의 상대도 이혼남이므로 다시 돌아올 가능성이 거의 없기 때문이다. 그러나 이 경우처럼 장남을 낳고, 본인도 그것을 원하는 경우 사정은 달라지는 것이다.

아라가키에 의하면 오키나와에서는 장남을 우선하고 또 첫번째 남편과의 관계를 중시하는 관념이 강하다고 해석하고 있다[9]. 그러한 사실이 앞의 예에서도 여실히 나타난 것으로 볼 수 있다. 이처럼 이혼하여 다른 남자와 재혼하여 살다가 죽은 여자라도 그녀가 원한다면 첫번째 남편과도 다시 결혼할 수 있는 것이 오키나와의 사후결혼이다. 이처럼 오키나와는 위령(해원)과 조령을 만들기 위한 목적으로 치러지고 있음을 알 수 있다.

(4) 중국과 대만

이에 비해 중국인들도 크게 다를 바가 없었다. 즉, 첫째 죽은 영혼의 위로의 목적으로 이루어지며, 둘째는 사후에 자손을 만들어 계승의 길을 열어두기 위해서 사후결혼이 이루어지기 때문이다.

1930년대의 조사 자료에서도 "혼백이 재앙을 일으키기 때문에" 시켰다는 복건성의 예도 있고,[10] 그리고 어떤 가정에서는 미혼인 상태로 죽은 장남과 장녀가 그들의 동생인 차남

---

9) 新垣智子. 앞의 논문 pp193-194

10) 井手和夫『支那の奇習と異聞』(平野書房. 1935年)

과 차녀에게 저주하여 부부의 침상에 끼어드는 나쁜 장난을 하거나 위해를 가하기도 하고, 또 자식들을 죽이기도 하여 그 영혼을 달래어 해코지를 막기 위해 시킨다는 광동성의 예도 있었으며,[11] 또 죽은 영혼이 가족들에게 원인 모를 병을 일으켜 시킨다는 대만의 경우도 있었다.[12] 이처럼 죽어서도 저 세상에 가지 못하고 이 세상에 떠도는 미혼의 영혼을 위로하여 줌으로써 재앙을 막기 위해 그 영혼들로 하여금 결혼을 시켜주었던 것이다.

그러나 그것만으로 모든 것이 해결되는 것이 아니다. 보다 완벽하게 처리하기 위해서는 그들의 죽음을 기억하고 그들을 위해 제사를 지내주는 사람을 만들어 주는 것이 필요하다. 그렇게만 되면 그들의 사후혼의 부부는 살아있으면서 혼례를 올린 부부와 다를 바가 없게 되는 것이다. 그리하여 생겨나는 것이 양자를 받아들여 그들을 조상으로 만드는 것이었다.

그러한 요소는 1930년대 중국을 조사했던 일본인 학자 우치다의 연구에도 잘 나타나 있다. 즉, 그가 현지 조사지에서 현지인에게 "왜 사후혼(陰親)을 행하는 것인가?"하고 묻자 현지인은 "즉, 남자가 미혼인 상태에서 죽으면 후계자가 없기 때문에 당연히 과계자(過継子)를 받아야 하지만 미혼자에게는 자식이 없기 때문에 실제상으로는 부모가 없고 조부모가 있다. 그러므로 조부모의 입장에서 본다면 과계자는 세대

11) 井手和夫, 앞의 책

12) 植野弘子, 앞의 논문 p364

상으로는 과계손(過繼孫)에 해당되기 때문에 그를 사아생손자(死兒生孫子)라고 부른다."고 대답했다고 한다.[13] 이처럼 가계의 단절을 방지하기 위한 현실적 합리적 해소수단으로서 사후결혼을 택하는 경우도 있는 것이다.

---

13) 內田智雄『中國農村の家族と信仰』(清水弘文堂. 1970年) p32

5. 왜 지역에 따라 같고 다를까?

(1) 서로 같고 다른 점

지금까지 내용을 대략 정리하면 다음과 같이 4가지로 요약할 수 있을 것이다.

첫째, 그 역사는 매우 유구하여 2000여년전 부터 중국에서 보이며 그 영향이 한국과 대만, 오키나와 등지에 끼쳤으나, 일본만은 그 영향과 관계없이 근대에 접어들어 독자적으로 새롭게 생겨났다는 점이다.

둘째, 기본적인 방법은 전통혼례이되 그것을 주관하는 사람을 기준으로 나누어 보면 한국은 무속형과 유교형, 불교형, 통일교형 등 다양하게 나타나고, 일본도 혼합(무+불+신), 불교형, 신도형 등으로 나타나지만, 오키나와에는 무속형만 있고, 중국에서는 무속형과 민간주도형으로 나타나고 있다. 특히 대만에서는 민간주도형만 보인다는 특징을 가지고 있다.

셋째, 형태로는 한국은 남녀쌍방사를 중심으로 남사여생형이 약간 보이지만 남생여사형이 보이지 않는다. 그에 비해 일본은 남녀쌍방사는 물론 남사여생형과 남생여사형도 보인다. 그렇지만 오키나와는 남녀쌍방사와 남생여사형은 보이지만 남사여생형이 보이지 않는다. 그에 비해 중국의 경우 남녀쌍방사, 남사여생형, 남생여사형 모두 보이지만 대만의 경우는 남사여생형은 거의 보이지 않는다 것이다.

넷째는 사후결혼의 목적이 한국과 중국, 오키나와에는 영혼을 위로하여 한을 없애는 위령(해원)과 조상의 자격을 부여하기 위해 치러진다면, 일본은 위령(해원)의 목적만이 있을 뿐이라는 점이다.

여기에서 우리는 다시 문제를 제기할 수 있다. 즉, 각 지역마다 나타나는 사후결혼에 있어서 어떤 점이 같고 다르며 그 이유는 무엇일까 하는 점이다.

가령 일본은 다른 지역과는 달리 중국의 영향으로부터 벗어나 있으며, 그것도 전 지역이 아닌 동북지역에만 국한하여 보이는 것은 무엇 때문일까? 그리고 한국과 일본에서는 불교가 적극적으로 사후결혼에 개입하는 데 비해 오키나와, 대만, 중국에서는 개입하지 않는 이유는 무엇이며, 또 어느 곳의 기독교도 일체 개입하지 않는 이유는 무엇일까?

또 한국에는 남생여사형은 보이지 않고, 또 오키나와와 대만에는 남사여생형이 보이지 않는 것은 무엇 때문일까? 그리고 다른 곳에서는 모두 보이는 조령의 승격을 목적으로 하는 사후결혼이 일본에서만 왜 보이지 않는 것이며, 또 오키나와에서는 한국, 중국, 대만에서 보이는 양자를 받아들이는 형태의 사후결혼이 보이지 않는 것은 무엇 때문일까?

이처럼 각 지역의 사후결혼의 양상을 종합하여 비교하면 여러 가지 점에서 차이가 난다. 그런데 이러한 사실들을 면밀히 검토하여 보면 그 차이점은 불교와 기독교와 같은 고등종교가 관여하느냐 하지 않느냐 하는 점, 그리고 조상에 대한 제사의 방법 가운데 특히 미혼여성의 영혼처리로 말미암아 생겨나고 있음을 알 수 있다.

(2) 종교와 사후결혼

죽은 자의 제사에 대해 무속, 불교, 유교, 신도 등 많은 종교가 관여하고 있다. 그 중 어느 지역이던 사후결혼에 관여하는 것은 무속(샤먼)이다. 이는 그만큼 사후결혼이 민간습속으로부터 출발하고 있음을 나타내는 것이다.

그에 비해 일체 관여하지 않는 것은 기독교이다. 기독교는 유일신을 기초로 하는 종교로서 기독교에서 지정하는 신 이외에는 인정하지도 않거니와 숭배해서는 안된다는 교리를 가지고 있다. 그러므로 사람이 죽어서 산 자들에게 제사의 대상이 된다는 것은 허용될 수 없다. 만일 그러한 것이 있다면 우상숭배로 치부되어 배교하는 결과가 되고 말 것이다. 더군다나 신자들은 죽으면 천국을 가는 영혼관을 가지고 있다. 그러므로 이 세상에 있지도 않은 영혼들을 결혼시킨다는 것 그 자체가 성립될 수 없다.

이러한 교리는 일반인들에게 있어서는 머리로는 이해되지만 가슴으로 받아들이기 어려울 때도 있다. 조상제사를 우상

숭배로 볼 것이냐 아니면 추모의 행사로 볼 것이냐 하는 것 등의 문제는 의견이 첨예하게 대립할 수 있다. 더군다나 조상제사는 전통적인 영혼관과 결부되는 사항이다. 특히 그러한 전통적인 사고의 경향을 강하게 가지고 있는 신자들은 기독교의 교리와 가끔 문화적인 충돌을 일으킬 때가 있다. 어떤 기독교 교회의 목사가 직접 그러한 체험을 한 적이 있는데 그 내용을 소개하면 다음과 같다.

<사례 21>

「신자 가운데 교통사고로 약혼자와 함께 죽은 젊은이가 있었다. 그들의 장례를 집례하게 되었는데, 그의 어머니가 울면서 "이 늙은이의 유일한 소망이니 내 아들을 영혼결혼 시켜 달라"고 그에게 간청하였던 것이다. 그곳에 있던 신부될 사람의 친구들도 어머니의 간절한 소원을 들어 달라고 하였다. 장례식에 참여했던 많은 이들이 이구동성으로 만약 어머니의 소원을 거절한다면 어머니는 세상을 떠날 것이라고 하였다. 아들이 죽은 것으로 하나님께 대한 불신이 깊어 가는데 만약에 "영혼결혼식"까지 거절한다면 하나님을 믿지 않을 것이라고 졸랐다.

그 때 그의 심정을 "분위기로 보아서는 영혼결혼식을 하는 것이 어머니에게 어느 정도 위로가 되리라는 생각이 들었지만 성경 어디에서도 허용되지 않는 부분이었다. 죽은 자에게 결혼식을 시키는 것은 마치 배교하는 것 같은 생각이 들었다. 나는 망설이다가 "부활할 때에는 시집도 장가도 가지 않고 하늘에 있는 천사와 같다"(마태복음 22:30)라는 성경의 말씀을 인용하면서 죽은 자의 결혼식은 하지 못한다고 하였다. 그리고 장례식을 인도했다. 장례식은 온통 울음 때문에 진행이 어려울 정도였다. 나는 한 어머니의 마지막 소원을 들어주지 못한 것에 대한 송구스런 생각이 들었다. 그 후에도 나는 그 어머니를 대하면 장례식에서 "내 아들에게 영혼결혼식을 해 달라"면서 무릎을 꿇고 간청하던 모습이 떠올라 그 분에게 빚진 감정을 느낀다."[1)]

이러한 기독교 목사의 고백에서 보듯이 외래종교가 전통의 사상과 충돌을 일으켜 예기치 못한 사건들이 얼마든지 생겨날 수가 있는 것이다.

그 반면 한국과 일본의 불교는 매우 적극적이다. 한국에 있어서 조상제사는 기본적으로 유교식이다. 그러나 그것에는 한계가 있다. 미혼의 사자이거나 그리고 결혼을 하였다 하더라도 아들이 없는 영혼들에 대해서는 책임을 지지 않는 것이다. 이러한 불행한 영혼들을 불교가 적극적으로 맡았다. 그러므로 미혼사자의 결혼에 적극적으로 개입하는 것도 전혀 이상할 것이 없는 것이다. 이에 비해 일본불교는 한국불교보다 죽음에 개입하는 것은 더욱 적극적이다. 그 범위도 넓어 장례는 물론 무덤, 제사 등 사후관리의 모든 면을 불교가 관장을 하고 있는 것이다. 그러므로 사후결혼에 개입하는 것은 어쩌면 당연하다 하겠다.

그러나 오키나와는 사정이 다르다. 앞에서도 언급하였듯이 오키나와에서는 정책적으로 수도 중심의 지배층에 의해서 중국으로부터 문중(門中), 가부(家譜), 위패제사 등이 수입되어 유포가 된 것이다. 그 때문에 조상제사, 위패제사는

1) 황규록 『용서가 지나간 자리』의 128話 「죽은 내 아들 결혼시켜 주세요」에서 인용

일본처럼 불교가 맡는 것이 아니라 유교가 맡았다. 1603년 대중상인(袋中上人)에 의해서 일본불교가 전래되었다고는 하나 그 불교가 조상제사와 관계를 맺지 못했다. 그리고 유교에서 취급하지 못하는 불행한 죽음과 관련된 것들은 무속(유다)이 맡아서 행하기 때문에 불교가 사후결혼을 개입할 수 여지가 없는 것이다.

이러한 사정은 중국과 대만에서도 마찬가지이다. 기본적으로 미혼남녀를 결혼시키는 풍속은 불교가 전래되기 이전부터 있었던 것은 앞에서도 언급한 바와 같다. 그러므로 유족들이 그러한 영혼들을 가엽게 여겨진다면 자연스럽게 상대를 구하여 전통혼례방법으로 치른다. 그러나 집안에 불행한 사태의 원인으로 치르는 경우는 대개 전문적인 무속(샤먼)이 관여하는 경우가 많다. 왜냐하면 그 원인규명을 샤먼이 하기 때문이다. 그러므로 불교가 사후결혼을 관여하기는 매우 힘든 상황에 있는 것이다. 이러한 사정으로 인하여 한국과 일본의 불교는 사후결혼에 대해 매우 적극적이지만 오키나와, 대만 그리고 중국의 불교는 매우 소극적인 성격을 띠게 되는 것이다.

(3) 미혼여성 영혼의 행방

한편 조상에 대한 제사란 사자에게 있어서 사후에도 가족들과의 관계가 지속되는 것을 의미한다. 그러나 그렇지 못한 경우가 있다. 조상이 되는 데는 일정한 자격이 필요하기 때문이다. 가장 기본적인 자격요건은 결혼을 하고 자기를 기억하고 추모해줄 후사가 있어야 한다. 이러한 자격을 미달한 영혼들을 다루는 것이 나라마다 조금씩 차이가 난다.

가령 한국의 경우 이러한 자는 과감하게 집에서 방출해 버린다. 즉, 남녀구분 없이 미혼사자에 대해 제사를 지내주지 않는 것이다. 그러므로 미혼사자의 영혼은 자신이 태어나고 자라난 집을 떠나야 하고 또 가족들과 이별을 해야 하는 것이다.

그러나 일본은 매우 관대하다. 비록 미혼인 상태에서 죽었다 하더라도 가족들은 그의 위패를 불단에다 모셔놓고 기일때 그를 위해 제사(공양)를 지내주고 있는 것이다. 그러므로 그는 죽어서라도 가족과 이별하는 일이 없는 것이다.

이에 비해 오키나와와 대만에서는 사정이 또 달라진다. 이 지역 모두 남녀의 성 차별이 있는 것이다. 오키나와의 경우 젊어서 미혼으로 죽은 사자의 유골은 일단 문중의 공동 묘의 일각에 있는 "소데바카(袖墓)"라는 별도의 장소에 안치된다. 소데바카에는 흔히 자살자나 범죄자, 사고 등으로 죽은 자들이 들어가는 것으로 보아 정상적인 죽음이 아닌 자들을 매장하는 곳이다. 오키나와에 있어서 문중의식이 강한 지역에서는 분가하여 가족을 형성하고 자손을 남기지 못한 자는 완전한 조상으로서 취급을 받지 못한다.

이러한 경우 위패모시기에 대해 복잡한 문제가 발생하게 된다. 즉, 죽은 미혼남성의 위패는 일단 자기 집의 불단에 모셔지게 되지만 그것을 그대로 놓아두면 언젠가는 그의 형제(특히 장남) 부부와 나란히 모셔지게 되는 것이다. 그러면 문제가 된다. 왜냐하면 오키나와에서는 "쵸오데 카사바이"라 하여 형제의 위패와 나란히 모실 수 없는 원리가 있기 때문이다. 이것을 해결하기 위해 조카들 가운데 한명을 양자로 삼아 그로 하여금 위패를 모시게 하는 것이다. 그러면 그는 부인 없이도 그 집의 시조가 될 수 있는 것이다.

그러나 여성은 그것이 불가능하다. 왜냐하면 오키나와에는 여자를 통한 가계계승이 용인되지 않을 뿐만 아니라, 여자가 집의 시조가 될 수 없다는 제사의 원리가 있기 때문이다[2]. 그러므로 오키나와에서는 여성이 미혼으로 죽는다면 그 영혼은 언젠가는 집을 떠나야 하는 운명에 처하게 되는 것이다.

이에 비해 대만은 오키나와와 사정이 또 조금 다르다. 여기에서도 남녀 차별이 있는 것은 오키나와와 마찬가지이지만 남자는 양자를 받아들이지 않아도 집을 떠나는 일이 없다는 점에서 오키나와와 다르다. 즉, 남성은 미혼인 상태에서 죽더라도 자기 집안의 조당으로 옮겨져 제사의 대상이 될 수 있는 것이다. 그러나 미혼여성이 죽었을 때는 사정이 달라진다. 그 시신은 뒷문으로 나가거나, 아니면 그것이 없을 때는 벽을 허물고 그곳을 통하여 내보내기도 한다. 그리고 시신은 간단하게 묘를 만들어 묻고, 위패는 사람들의 눈에 띄지 않

---

2) 澁谷硏, 앞의 논문 p57

는 곳에 둔다. 예를 들면 출입문 뒤 또는 부엌의 한쪽 귀퉁이와 같은 다른 사람들의 눈에 띄지 않는 곳에 두며 결코 조당 안에는 안치되는 일은 없는 것이다. 그러므로 미혼여자가 죽으면 한국과 오키나와처럼 집을 떠나야 하는 것이다.

그러나 문제는 이렇게 죽어서 지금까지 살았던 집을 떠나고 가족과 이별하여야 하는 영혼들이다. 그들은 저승에도 가지 못하고 이승에 머물러 있다고 생각되었다. 이처럼 죽어서도 안식처를 가지지 못하기 때문에 살아있는 사람들에게 해코지를 하면서 자기의 존재를 알리는 것이라고 인식되었다. 그러므로 그들은 죽어서 산자들에게 공포의 대상이 중국에서는 이들을 남상귀(남), 여상귀(여)로 불리웠고, 대만에서는 "여귀" 또는 "고랑"으로도 불리웠으며, 또 한국에서는 손각씨, 처녀귀신(여), 몽달귀신(남)으로 불리웠던 것이다. 이처럼 자기의 친족조직에서 일탈하여 무소속이 되면 원귀가 된다는 인식이 동아시아인들에게는 널리 깔려져 있는 것이다.

이러한 문제를 해결하기 위해서는 하루 빨리 이러한 영혼들을 달래고 집밖으로 내보내기 위해서는 상대를 구해 결혼을 시켜 집안의 조상으로 만드는 것이 사후결혼이다. 그리하여 한국에서는 사후결혼을 미혼으로 죽은 남녀를 결혼시키는 것을 기본으로 삼게 되는 것이다. 실제로 동거했던 남자가 죽어서 어찌할 수 없어 혼례를 치르는 경우를 제외하고는 살아있는 남자가 죽은 여자와 결혼하는 경우는 일어날 수가 없는 사정이 바로 여기에 있다. 그러므로 한국에서 가장 이상적인 사후결혼은 그 두 사람 사이에 양자를 받아들이는 일인 것이다.

일본의 경우는 미혼의 상태에서 죽었더라도 집을 떠나는 일이 없다. 그러므로 그들을 원귀로 보는 사상은 매우 약하다. 그러므로 굳이 그들을 결혼시킬 이유가 없다. 이러한 사정으로 말미암아 일본의 사후결혼은 전국적으로 보이는 일반적인 예가 아니라 일부지역에서만 특수한 예이며, 또 있다 하더라도 양자를 받아들일 필요도 없이 위로(해원)의 차원에서만 이루어지게 되는 것이다. 그러므로 남녀쌍방사, 남사여생, 남생여사형 등 어떠한 형태의 결혼이던 상관이 없는 것이다.

그러나 오키나와와 대만은 그와 사정이 다르다. 이 두 곳은 남녀 차별이 심해 여자만 방출하여야 하는 상황이다. 더군다나 오키나와의 경우 죽은 여성(이혼녀)이 헤어졌던 전남편의 가정으로 다시 돌아가는 것을 전제로 하는 사후결혼이 많다. 그 때 남편은 다른 여성과 재혼하여 그 사이에 낳은 자식과 함께 살고 있거나 아니면 이혼녀가 남기고 간 자식을 데리고 살고 있기 마련이다. 그러므로 그들의 결혼은 자식에 관한한 아무런 문제가 발생하지 않는 것이다. 단지 부부관계만 재정립이 되면 자식은 이미 확보되어있는 것이다. 따라서 오키나와가 양자를 받아들이는 형태의 사후결혼이 없다. 그러므로 죽은 남자와 산 여자가 올리는 사후결혼이 나올 수가 없는 가족구조로 되어 있는 것이다.

이에 비해 대만은 가족으로부터 방출되는 미혼여성만을 처리하면 되기 때문에 그와 결혼해줄 수 있는 남자를 찾아야 하는 것이다. 그러나 앞에서도 언급하였듯이 죽은 여성과 결혼하려는 남성은 없다. 그리하여 경제적인 이익을 노리는 가난한 자 또는 사자의 자매의 남편과 결혼하는 형태를 취하게 되는 것이다. 그러므로 여자가 죽고 남자가 살아있는 경우는 나올 수 있어도 남자가 죽고 여자가 살아있는 경우가 좀처럼 나오지 않는 것도 바로 여기에 있는 것이다. 이러한 점은 중국 본토와는 또 다른 특징이기도 하다.

이와 같이 조상제사의 방식에 따라 각 지역마다 나타나는 사후결혼의 형태가 조금씩 다르게 나타나는 것이다. 특수한 상황에서 일어난 일본을 제외한 동아시아의 사후결혼은 중국의 유교식 제사가 빚어낸 불행한 영혼을 달래주기 위해 생겨난 일반적인 습속이었다. 다시 말하여 죽음으로써 가족으로부터 이탈되는 외로운 영혼들에게 가족을 만들어 줌으로써 상실했던 자신의 소속을 되찾아주는 죽음의 의례이자 이승에서 저승으로 보내는 행위이기도 한 것이다.

지금까지 살펴보았듯이 사후결혼이 조상제사(영혼관) 및 가족제도와 밀접한 관련성이 있으며, 또 지역에 따라 조금씩 차이가 나는 것을 확인할 수 있다. 그러나 지역을 초월하여 가지는 한 가지 공통된 점은 사후결혼이 인간으로서 태어나고 자라나서 배우자를 만나 자식을 낳고 살다가 죽는다는 것이 얼마나 행복한 인생인가를 우리에게 일깨워주고 있다는 사실이다.

사후결혼은 동양의 한자문화권에만 있는 것이 아닌 것 같다. 일본의 민속학자 카와바타 툐요히코(川端豊彦)씨가 쓴 글 「사인(死人)의 혼례(婚禮)」(『西郊民俗第3號』)에 의하면 독일에서도 그와 비슷한 풍습이 있다고 한다. 즉, 독일에서는 임산부나 미혼의 여성 또는 남성의 영혼을 두려워하여 매장을 할 때 여러 가지 행위를 하는데, 가령 임산부라면 육아용품을 일절 준비하여 관 속에 접어 넣어주고, 또 젊은 여성이라면 면사포를 걸쳐서 신부처럼 해주고, 또 젊은 남성이라면 신랑이 쓰는 모자를 가지게 하고는 묘 앞에서 식을 올리고 매장을 하는데, 이를 그들은 "죽은 자의 혼례"라고 한다는 것이다.[3)]

이처럼 결혼을 하지 못하고 죽은 영혼에 동정한다는 것은 어쩌면 우리사회에서 매우 일반적일지도 모른다. 그러한 예를 세계상에서 찾는다면 유럽을 비롯한 다른 대륙에서도 얼마든지 찾을 수 있을지도 모른다. 우리의 작업은 여기에서 끝을 내는 것이 아니라 그러한 사례들을 되도록 많이 찾아서 상호 비교하여 그 지역의 문화적인 특징뿐만 아니라 우리의 문화를 세계 속에 자리매김을 하는 일이라 여겨진다.

---

3) 木村博 「死者の婚姻」 『佛教と民俗』(佛教民俗學會, 1959年) pp37-38에서 재인용.

6. 사후결혼에 의한 한·일간의 문화적 갈등

(1) 일본 속의 논개 무덤

2003년 겨울 로쿠스케(六助)의 전설을 조사하던 나는 북큐슈(北九州) 히코산(英彦山) 중턱 후쿠오카현(福岡縣) 타가와군(田川郡) 소에다쵸(添田町) 上津野 拔川에 보수원(寶壽院)이라는 조그마한 사찰을 방문한 적이 있었다. 그 절은 일본의 불교 진언종(眞言宗)에 속해 있었다. 내가 그곳을 찾은 이유는 그곳에 케야무라 로쿠스케(毛谷村六助)의 무덤이 있다는 소문을 들었기 때문이다. 로쿠스케는 논개와 함께 진주 남강에 빠져 죽은 왜장으로 알려져 있는 인물이다. 당시 나는 그러한 그가 자신의 고향에서는 어떠한 인물로 전해지고 있는지를 조사하고 있는 중이었다. 그의 고향은 오늘날 오이타현(大分縣) 야마구니쵸(山國町)이었다. 실제로 야마구니쵸에는 케야무라(毛谷村)라는 마을이 있었고, 그 마을의 어귀에는 로쿠스케의 무덤이 서 있었다. 그런데 그의 무덤이 이곳이 아닌 다른 곳에도 있다기에 찾아본 것이었다.

그런데 내가 그 곳을 찾았을 당시 그 절은 돌보지 않아 거의 폐사(廢寺)에 가까울 정도로 잡초로 덮혀 있었다. 그곳에는 로쿠스케의 무덤만 있는 것이 아니었다. 경내에는 임진왜란의 일한양국군관민(日韓兩國軍官民) 합동위령비가 있었고, 그 옆에 주논개(朱論介)와 케아무라로쿠스케(毛谷村六助)의 묘(墓)가 나란히 서 있었다. 법당으로는 조그마한 건물 하나가 있었다. 그 안을 들여다보았더니 「키타마고베이의 영(木田孫兵衛之靈)」이라고 적힌 위패와 「오소노의 묘(御園之墓)」, 「오키쿠의 묘(御菊之墓)」라는 글자가 적힌 돌이 모셔져 있었고, 또 「이명길의 영(李命吉之靈)」이란 한국인 위패를 비롯한 몇 개의 일본인들의 위패가 모셔져 있었으며, 정면에는 한국에서 가져온 듯한 연등이 걸려져 있었고, 또 왼쪽 벽에는 한국인이 그린 듯한 동양화가 걸려져 있었다.

[일본식 논개의 무덤]

절의 관계자가 세운 듯한 안내판을 보았더니 이 절은 1976년 4월에 건립되었다고 적혀 있었다. 도대체 누가 무엇 때문에 사람이 살지도 않는 산 속에 보수원이라는 절을 짓고, 또 진주에 있어야 할 논개의 무덤이 왜 여기에 있는 것이며, 또 법당에 모셔져 있는 위패의 주인공인 케야무라 로쿠스케를 비롯한 오소노와 오쿠니는 도대체 누구란 말인가? 그리고 무엇 때문에 임진왜란 때 죽은 한일의 영혼을 위로하는 합동위령비가 여기에 있어야 하며, 또 건립된지 불과 27년 밖에 지나지 않은 비교적 새로운 절임에 불구하고 이렇게 버려져 있는 이유는 무엇일까? 그야말로 의문은 꼬리에 꼬리를 물고 계속 생겨났다. 그 중에서 특히 논개의 무덤이 무엇 때문에 여기에 있는 것인지 좀처럼 이해되지 않았다.

그 의문을 풀기 위해 그 절을 세운 장본인을 찾지 않을 수 없었다. 소에다쵸(添田町)의 관계자들의 도움을 받아 의외로 그 사람을 찾는 데는 그다지 어렵지 않았다. 그는 현재 후쿠오카현 타가와시(田川市)에 살고 있었다. 타카와시는 오늘날에는 그다지 크지 않지만 옛날에는 광산지역으로 많은 사람들이 북적거리며 살았던 제법 큰 도시였다. 그리고 이곳은 우리나라의 많은 사람들이 강제노동으로 끌려와 이곳에 일을 했던 애환이 깃든 지역이기도 했다. 그는 어쩐 일인지 한국인을 만나지 않으려고 했다. 우여곡절 끝에 그를 겨우 만날 수가 있었다. 그를 통하여 많은 사실들을 알게 되었다. 그에 의해 이루어진 보수원의 건립은 한마디로 한일민간외교에 있어서 화해와 갈등의 역사이었다. 도대체 이 절을 두고 한일간에 어떠한 사건이 벌여졌던 것일까? 여기에 대해 살펴본다면 논개의 무덤이 왜 이곳에 건립되었는지 저절로 그 해답을 찾을 수 있을 것이다. 그 뿐 아니라 우리의 테마인 사후결혼이 오늘날에도 우리사회에 얼마나 뿌리 깊게 내려있는지에 대해서도 알 수 있을 것이다. 그럼 먼저 논개의 무덤이 왜 일본에 있는지부터 살펴보기로 하자.

(2) 논개는 왜 바다를 건너야 했는가?

보수원을 세운 장본인은 우에쯔카 히로유(上塚博勇)라는 이름을 가진 남자이었다. 나와 만났을 당시 그는 70대 정도로 보이는 노인으로 보였고, 최근 교통사고 인하여 몸이 불편하다고 했다. 그는 특이한 이력서를 가지고 있었다. 아버지를 일찍 여의고 홀어머니 밑에서 자랐는데, 그의 어머니 직업이 여러 명의 색시를 거느리고 사업을 벌이는 퇴폐업소의 업주이었다. 그리하여 일찍부터 몸을 파는 젊은 여성들과 함께 억척스럽게 살아가는 어머니의 모습을 매일 보며 살아가야 했다. 그의 말을 빌리면 몸을 파는 여성들의 과로로 육체적인 고통은 물론 정신적으로 괴로워하며, 또 결핵병 등으로 야위어 가며 그의 어머니와 피를 토하며 싸우다가 쓰러져 목숨이 끊어지는 여성들도 보았다고 했다. 그러나 그러한 어머니 덕분으로 그는 아무런 어려움 없이 고등교육을 받을 수 있는 기회를 가졌고 마침내 건축설계사가 되어 지역사회에서 오랫동안 건축 관계의 일을 해왔던 사람이었다. 그러한 그가 논개와 로쿠스케에 열심히 매달리는 것은 그 자신이 로쿠스케의 직계손이라는 시각이 우리나라 일부로 부터 있었다.[1] 그러나 그것은 사실과는 다르다. 왠지 로쿠스케는 그의 후손을 남기지 않았다. 만일 그의 후손이 살아있다면 그의 성씨는 우에쯔카가 아닌 키다(木田 혹은 貴田) 또는 케야무라(毛谷村)이어야 한다.[2]

직계 후손도 아닌 로쿠스케와 논개에 매달리게 되는 이유는 다음과 같다. 그가 어느 날 채무관계로 인하여 오늘날 보수원이 있는 일대의 땅을 자기의 소유가 된다. 그곳은 인가도 없는 산간 오지이다. 그러한 땅을 그는 그대로 내버려두지 않았다. 개간을 하기 시작했고, 절을 짓고 그의 어머니 밑에서 불쌍하게 살아갔던 젊은 여성들의 영혼을 위로하기 위해서 관음보살상을 세우기도 했다. 그는 여기에서 그치지 않았다. 개간 도중에 두 개의 비석을 발견했다 한다. 하나는 오소노라는 여성의 묘비이고, 또 다른 하나는 오키쿠라는 여성의 비석이었다.[3] 그들의 신분을 확인해본 결과 그들은 부친

---

1) 진주신문. 99년 5월 10일자

2) 실제로 이러한 성씨가 일본에 있다. 로쿠스케에 관심을 가진 키다(貴田) 또는 케야무라(毛谷村)라는 성씨를 가진 사람이 로쿠스케의 고향인 케야무라에 찾아와 이것저것 물어보고 간 적이 있다고 마을사람들이 이야기를 들려 주었다.

3) 이 점도 참으로 이해가 가지 않았다. 그는 분명히 이름이 새겨진 두개의 비석이라고 했는데, 실제로 법당에 모셔져 있는 비석을 보면 이름이 새겨진 것이 아니라 누가 그것도 최근에 검은색 페인트로 이름을 적은 것으로 되어있기 때문이다.

의 복수를 하기 위하여 도움을 청하기 위해 로쿠스케를 찾아 가는 길에 이곳에서 오키쿠가 원수에게 살해당한 곳이 바로 이 지역이라는 사실을 알게 된다. 그들은 로쿠스케의 협력을 얻어 고쿠라성(小倉城)에서 드디어 원수를 살해하기에 이른다. 이들의 이야기는 일약 유명해져 가부키(歌舞伎)의 무대에 자주 올려져 전국적으로 알려지게 된다. 그러한 인물들이 자신이 소유한 토지일대와 관련이 있다고 생각한 그는 그들의 영혼들을 모시는 제당을 짓기로 하고 건설한 것이 바로 보수원이었다.

그런데 어느 날 그는 한 한국인으로부터 로쿠스케에 대한 죽음의 이야기를 듣게 된다. 그것은 임진왜란 때 진주성이 함락되고 승전의 파티에서 기생으로 가장한 논개가 껴안고 죽었다는 것이었다. 그 후 그는 상상의 나래를 폈다. 그리하여 소설에 가까운 로쿠스케의 죽음 장면을 연상했다. 그러한 사정은 그가 직접 쓴 「케아무라로쿠스케(毛谷村六助)의 묘비건립취의서(墓碑建立趣意書)」를 보아도 잘 알 수가 있다.[4)]

그것에 의하면 로쿠스케는 일본군이 진주성을 함락한 후 전승축하연의 자리에서 서로 논공행상을 따지는 추악한 대립적인 분위기 속에서 조금 전까지만 하더라도 생사를 돌보지 않고 격렬하게 싸우다가 전사한 부하들을 생각하니 참을 수 없는 분노와 슬픔이 솟구쳐 자리를 박차고 일어나 혼자서

4) 上塚博久「毛谷村六助의 墓碑建立趣意書」

남강의 바위에 서 있었다. 석양에 비친 남강은 피로 발갛게 물들어 있었고, 시신과 깃발, 그리고 군마와 무기들이 어지러이 널려져 있는 남강의 일대는 그야말로 생지옥과 같았다. 그것을 보고 전쟁이란 인간이 행하여야 할 업이란 말인가? 인과란 허무하다는 생각에 로쿠스케는 두 눈을 감고 마음을 고요하게 가라앉히고 합장하여 전사한 양군의 장병들의 명복을 빌고 있었다. 바로 그 때 뒤에서 축하연 자리에서 벗어난 기생 논개가 열 손가락에 깍지를 끼고 전신의 힘을 다해 로쿠스케의 몸을 껴안고 강으로 떨어졌다는 것이다.[5] 물론 이 이야기는 우리의 문헌인 『어우야담(於于野談)』, 『의암기(義岩記)』, 『임진록(壬辰錄)』『의기전(義妓傳)』 등에 기록된 내용과는 전혀 다른 자기만의 세계에서 만들어진 것이었다.

이렇게 생각한 그는 더욱 로쿠스케에 대한 연민의 정이 깊어가기만 했다. 그러한 심정은 그가 쓴 "나와 도라지"라는 수필에서 잘 나타나 있다. 그는 수일간 시립도서관을 드나들면서 임진왜란에 대한 역사서를 숙독했다. 그 후 어느날 그는 이상한 꿈을 꾸었다 한다. 흐트러진 머리카락과 흰옷을 입은 한 남자가 강의 바위에 등을 대고 서 있었다. "당신은 누구십니까?"하고 묻자, 그 남자는 괴로운 듯이 "나는 케야무라 로쿠스케(毛谷村六助)이다."고 대답했다. 그리고 수일 후에는 또 다른 이상한 꿈을 꾸었다. 이번에는 큰 대문을 지난 그의 눈 앞에 커다란 건물이 있고, 그 건물의 안에는 치마

5) 上塚博久 앞의 묘비건립 취의서

저고리를 입은 여성이 3명이 있는데, 그 중에서 한명이 자신에게 계단을 올라오라고 하며 웃는 얼굴로 손짓하는 꿈을 꾸었다는 것이다. 이러한 꿈을 연속적으로 꾼 그는 1973년 진주를 찾았고, 곧장 남강으로 가 보고 깜짝 놀랐다. 왜냐하면 꿈에서 보았던 큰문은 촉심문(矗心門)이었고, 큰 건물은 바로 촉석루(矗石樓)이었기 때문이었다.[6] 이처럼 믿기도 어려운 경험을 그는 했다고 했다.

또 진주에서 몇 명의 한국인들을 만난다. 그 중 호국사의 주지 현산 스님으로부터 여러 가지 이야기를 듣게 된다. 현산 스님은 로쿠스케의 영혼을 모시고 가지고 가는 것도 중요하지만 그것보다 먼저 논개의 영혼을 위로해야 한다고 충고했다. 즉, 논개가 로쿠스케의 몸을 껴안고 죽었듯이 논개의 원한이 로쿠스케의 영혼을 풀어주지 않는다면 아무리 노력한다 하더라도 로쿠스케의 영혼은 진주 남강을 떠날 수 없다는 것이 현산 스님의 설명이었다. 그러한 말에 설득 당한 그는 드디어 로쿠스케를 대신하여 논개에게 사과하고 또 논개의 영혼을 모시고 명복을 빌고 싶다는 원을 세운다. 그렇게 함으로써 로쿠스케가 성불할 수 있다면 그의 가족인 오소노와 오키쿠가 얼마나 기뻐할까 하는 생각마저 하게 된다. 그리하여 논개의 영혼을 로쿠스케와 함께 일본에 모시고 가려고 노력했다. 그런 그에게 또 현산스님은 그들과 함께 진주 전투에서 죽은 한일양국의 군관민의 영혼을 위로하는 합동

6) 芦馬豊雲編『郷土田川「史錄」毛谷忖六助「貴田孫兵衛」傳』(吟詠道無相風雲流總本部. 1991年) p226

위령비도 세우는 것이 좋다는 충고를 했다.[7)]

그 말을 듣고 그는 그 일을 완성하기 전에는 두발과 수염을 자르지 않겠다고 결심하고 일을 착수했다. 이를 위해 그는 많은 사재를 털었다. 주논개의 무덤을 만들기 위해 묘석을 논개의 고향으로 알려진 전라북도 장수(長水)에서 구했고, 그 비석에 새겨 질 「주논개 묘(朱論介墓)」라는 글자는 당시 후쿠오카 대한민국 총영사관의 총영사였던 박임수(朴任洙)씨에게 부탁하여 글을 써서 받았고, 또 76년 2월에는 진주 남강 의암(義巖) 근처에서 작은 돌을 주워 호국사에서 위령제를 지낸 다음 그 돌을 일본으로 가지고 와서 논개의 묘 밑에 묻었다. 그 때 그는 진주 남강에 국화를 뿌리고 1천 마리의 종이학을 띄우고 논개와 로쿠스케의 넋 건지기 의식을 치렀다 한다.[8)] 그리고 진주의 화가로부터 논개의 영정을 그려서 가져가서 보수원의 안에다 로쿠스케의 위패, 그의 아내 오소노(お園), 그의 처제인 오키쿠(お菊)의 묘와 함께 걸어 놓고 모셨다. 또 로쿠스케와 논개의 무덤 옆에다 일한군관민 합동위령비도 세웠다. 경내에는 한국의 나라꽃 무궁화와 전북의 꽃인 백일홍 그리고 진주에서 진주시화인 석류를 얻어서 심기도 했다.

---

7) 上塚博勇 「나와 도라지」(1981年12月28日) 참조

8) 김규원 「일본을 떠도는 논개의 혼령」 『한겨레21』(98년 12월17일) p56

[보수원의 논개사당]

그리고는 진주성이 함락되던 그 날을 맞추어 매년 음력 6월 29일 합동위령제 및 논개와 로쿠스케의 진혼제(鎭魂祭)를 거행했던 것이다. 이러한 행사에 진주와 장수지역의 인사들도 참석을 했고, 후쿠오카의 한국영사관 관계자들도 참석을 했다. 진혼제는 한국어가 먼저이고 그 다음이 일본어로 진행되었고, 또 한국의 애국가가 먼저 나오고, 그 다음이 일본 국가를 흘러나오게 했으며, 제사상에도 한국의 떡을 올렸으며, 그 주위에는 태극기와 일장기가 함께 물결치듯이 걸려 있었다 한다.[9] 그 일로 말미암아 당시 진주시장은 그에게 감사장까지 수여하기도 했다. 그 때만 하더라도 그의 노력의 결과는 한일양국의 화해와 평화에 이바지하는 국제친선의 행사

9) 진주신문. 97년 3월17일자

이기만 했다.

(3) 논개와 사후결혼

이로 말미암아 논개는 전쟁 중에 케야무라를 만났고 전쟁이 끝난 뒤에 케야무라를 따라 일본에 건너와 함께 해로하다가 죽었다는 사실과 정반대되는 이야기까지 생겨나기도 했고,[10] 심지어 논개는 일본여성이며 약혼자 케야무라를 따라 조선전쟁에 왔다가 함께 죽었다느니, 케야무라의 현지처였다느니 하는 이야기조차 생겨났다.[11] 또 논개는 이곳을 찾는 일본인들에게 부부관계를 좋게 만들고 아기를 점지해주는 신으로 까지 받아들여지고 있는 것으로 알려졌다.[12] 그것을 증명이라도 하듯이 "부부사이가 좋아지더군요." "논개님에게 부탁하여 아들 둘 낳았죠."라고 보수원에서 논개를 참배한 일본여인들이 코멘트하는 모습이 MBC -TV프로그램을 통해 방영되기도 했으며,[13] 또 재일교포 신기수씨도 논개의 초상화가 로쿠스케 옆에 놓여 "부부원만" "자손번창"을 염원하는 비석으로써 인기가 높다며 이러한 사실들을 확인시켜주고 있다.[14] 이처럼 논개는 일본의 여러 신들 가운데 하

---

10) 김규원. 앞의 책 p56

11) 정동주. 「반외세투쟁의 표상 논개」『WIN(241)』(1997년 5월) p247

12) 김규원. 앞의 책 p56

13) 정순태. 「논개」『WIN(241)』(1997년 5월) p266

14) 진주신문. 98년 4월 13일자

나로 변질되어가고 있었다.[15)]

여기에 몹시 화가 난 한국인들이 있었다. 특히 해주 최씨(海州崔氏) 광주. 전남 화순군 종회의 사람들에게 있어서는 더욱 그러했다. 그들은 로쿠스케와 함께 죽은 논개는 진주성 전투에서 전사한 최경회 장군의 후손으로 민순지(閔順之)의 『임진록(壬辰錄)』 등의 기록을 들어 논개가 1574년 전북 장수에서 태어나 1590년 어릴 적 인연으로 최경회의 부실이 된 주논개 부인이라고 확인했다. 1593년 경상우도 병마절도사인 최경회 장군이 제 2차 진주성 싸움에서 패배한 뒤 자결하자 최장군과 함께 이 싸움에 참가했던 주논개 부인은 슬픔과 의분을 참지 못하고 왜적들의 승전 잔치에 기생으로 가장해 숨어든 뒤에 술에 취한 적장 케야무라 로쿠스케를 껴안고 진주 남강에 뛰어 들었다는 것이다. 따라서 그들에게 있어서 논개는 자신들의 조상과 결혼한 자신들의 집안사람이었다. 다시 말하자면 논개는 최씨 문중에서 나라를 위해 충절을, 남편을 위해서는 지절을 지킨 자랑스런 할머니로 받들어지는 인물이었던 것이다. 그러므로 그들은 남편과 조국의 원수를 처단한 논개의 영정과 무덤이 바로 그 적장과 함께 모셔진 일은 어떤 이유로도 이해될 수 없는 일이었다. 그것은 논개 부인과 최경회 장군만이 아니라 우리 민족의 역사 자체를 모욕하고 능멸하는 일이다[16)] 하여 하루 빨리 일본 속의 논개 무덤을 철폐해야 한다고 주장하며 청와대, 외교통상부, 진주

---

15) 정순태. 「논개」『WIN(241)』(1997년 5월) p266

16) 김규원, 앞의 책 p57

시, 국민고충처리위원회, 문화관광부, 여성부, 감사원, 행정자치부, 국무총리실 등에 줄기차게 탄원서를 제출했고, 그에 머물지 않고 서울에서 "정부는 일본에 팔려간 논개 부인을 찾아와라"는 현수막을 걸고 가두집회를 열었고, 또 일본에 직접 방문하여 거친 항의를 하기도 했다.[17)]

논개의 고장인 진주인들도 가만히 있지 않았다. 진주지역의 언론은 이를 대대적으로 보도했다. 또 어느 방송사는 96년 "논개는 왜 일본에 갔는가."라는 제목으로 8.15특집 다큐멘터리를 제작하여 보도하기도 했다. 또 시인 정동주는 "논개의 의로운 죽음이 조정으로부터 공인 받는데 147년이 걸렸고, 그가 기생이 아니라 의병장의 아내였다는 것을 확인하는데 400여년이 걸렸다. 적장 케야무라와 함께 있는 그의 영정과 영혼이 한국 땅에 되돌아와 그가 편안히 잠드는 데는 또 얼마나 긴 세월이 필요할지 모르겠다."고 한탄했다.[18)]

이러한 한국인들의 분노 가운데 우리의 관심을 끄는 부분은 우에즈카씨의 논개 모시기에 대해 영혼결혼으로 보는 시각이 강하다는 사실이다. 특히 이 점은 한국에서는 죽은 영혼들끼리 결혼시키는 관습이 있기 때문에 그러한 시선은 더욱 강하게 작용했음은 두 말할 나위가 없다. 그러한 흔적은 당시 보도한 언론 및 지역의 자료를 보더라도 곳곳에서 확인할 수가 있다.

가령 진주문화원의 일본 탐방단이 보수원을 다녀와서 펴

---

17) 진주신문. 2003년 2월5일자

18) 김규원. 앞의 책 p57

낸 『진주문화(22호)』에서 다음과 같은 입장을 표명하고 나섰다. "1970년 일본인이 모곡촌육조의 사적을 찾아 진주성에 들렀다가 논개가 순국한 사실을 전해 듣고 남강에서 혼령을 건져가서 보주원(보수원의 잘못표기)이란 절을 세우고 모곡촌육조와 논개의 묘를 나란히 만들어 위령제를 지낸다. 이런 유래 속의 주논개 묘가 이제는 논개와 모곡촌육조 간에 영혼결혼식 운운하는 기상천외의 일본인이란 자의 언질은 모골이 송연케 한다."고 하며, 또 "묘라는 개념은 시신이나 유골을 매장한 것을 말한다. 그런데 논개 무덤이 이대로 몇 백년이 흘러가 그 때의 사람들이 진짜의 논개 묘라고 인정할지도 모른다고 생각하니 넋을 잃을 지경이다."고 말하면서 "장래의 역사를 고려할 때 당장 철폐되어야 한다."고 주장했다.[19)]

또 지역신문인 진주신문은 97년 3월에 일본 속 논개 무덤 철폐주장 이해된다는 사설 제목으로 쓴 내용에서 "일본 속에 논개 묘를 설치하고 영혼결혼 운운하는 것은 우리 민족혼을 말살하려는 저의가 아닌지 의심스럽고, 종교적 차원에서 살아 생전에 적군과 아군으로 맺혔던 고를 풀고 영혼결혼식을 갖자고 한 것은 일제시대의 내선일체와 하나도 다를게 없다는 느낌을 받았다."는 일본 속에 우리문화를 탐방하고 돌아온 진주문화원의 회원들의 소감을 자세히 소개하며, "충절의 상징적인 여인의 무덤을, 영정을, 위패를 일본 땅에 모셔다 놓고는 마치 왜장의 애첩인양 여기며, 영험한 소원을 들어준

---

19) 강병주, 「일본에 논개의 묘가 있다니」 『진주문화(22)』(진주문화원. 1997년)

다는 종교적인 인물로 여기고 있다는 사실에 놀라지 않을 수 없다."며, 하루 빨리 논개사당은 철폐되어야 한다는 데 동조를 하고 나섰다.[20]

진주신문은 논개사당 철폐를 계속 주장하며, 여기에 관심을 보이지 않는 관청에 대해 98년 7월에는 일본인들이 논개와 모곡촌육조 간의 영혼결혼을 시도하려했다는 흔적을 곳곳에서 찾을 수 있는데도 진주시는 낭설이라고 하며 듣지 않으려고 했다 하며 공격의 화살을 퍼부었다. 특히 이 문제를 끈질기게 취재 보도해온 윤성효 기자는 우에즈카씨의 행위에 대해 논개를 케야무라의 애첩으로 만들어 놓았다고 극렬하게 비판하기도 했다.

드디어 학계에서도 반응을 보이기 시작했다. 그 대표적인 예로 김수업의 「의기 논개」라는 글에 잘 나타나 있는데, 이를 소개하면 다음과 같다.

> 게야무라의 비극적 생애를 우에쓰카는 흠모했다. 그래서 게야무라를 대신하여 어떤 계획을 세워 게야무라의 억울함으로 풀어주고 싶었다. 우에쓰카는 한가지 일을 은밀하게 추진했다. 게야무라와 논개를 부부로 만들어주자는 것이었다. 기괴한 발상이었다. 이미 400년 전에 죽은 두 사람을 결혼시킨다는 것은 이른바 영혼 결혼식을 올려주자는 계획이었다. 그는 1973년 처음으로 진주를 찾아와서 영혼 결혼식을 위한 준비를 시작했다. 그 과정에서 그는 자신의 계획이 한국인들을 얼마나 능멸하는 것이며, 분노하게 하는 망발인지를 뒤늦게

20) 진주신문, 97년 3월 24일자

> 야 깨달았다. 하지만 그는 또 다른 엉뚱한 발상을 했다. 어떤 일이 있더라도 논개와 게야무라를 한 장소에다 모셔다 놓고 그 나름의 기원과 축원을 바치겠다는 계획을 세웠다.[21)]

이와 같이 언론, 문화, 학계 등으로부터 비난의 화살이 쏟아지자, 논개를 모신 보수원을 우에즈카씨가 98년 8월에 게야무라와 논개의 묘를 같이 조성한 것은 사실이지만 영혼결혼은 절대로 시키지 않았다는 해명을 하기에 이른다.[22)] 하지만 그러한 발언에도 불구하고 한국측 시각은 바뀌지 않았다.

그 예로 99년 4월 중앙지인 한겨레신문이 그들이 발간하는 <한겨레21. (492호)>를 통해 "왜장 아내로 둔갑한 논개 영혼을 반환하라."고 주장하였으며, 그 이후 99년 5월 진주신문은 우에즈카는 우리나라에 와서 논개와 게야무라를 영혼결혼 시키려고 했다는 사실을 공식확인했다고 보도되었던 것이다. 그에 이어 99년 8월 3일 KBS-1TV 수요기획에서 "누가 논개를 욕되게 하는가"하는 타이틀로 대대적으로 전국적으로 방영을 했으며, 이를 본 어떤 시청자는 "현재 우리는 지난 시절 역사의식의 부재로 인해 충절의 상징을 적자의 첩으로 보냈다고 반성하며, 이를 바로 세우기 위해서는 우리가 무엇을 해야 하는가."하며 물음을 던지기도 했다.[23)]

우에쯔카씨의 말처럼 그는 처음부터 논개를 게야무라와

---

21) 김수업, 「의기 논개」p33

22) 진주신문, 1998년 8월 24일자

23) 진주신문, 99년 9월 6일자.

사후결혼시킬 마음이 있다고는 보이지 않는다. 왜냐하면 앞에서도 보았듯이 사후결혼이라는 풍속은 일본에서는 오키나와와 동북지역의 일부에 국한하여 그것이 보여 질 뿐 일본 본토에서는 극히 찾아보기 힘들기 때문이다. 특히 보수원을 건립한 우에쯔카씨가 살고 있는 큐슈지역에는 이러한 풍습이 존재하지 않는다. 그러므로 애시당초부터 그가 논개와 로쿠스케를 영혼시키려고 했다는 한국측의 시점은 크게 설득력이 없다. 만일 그가 그러한 의도가 있었다면 그의 영혼결혼에 관한 지식은 아마도 한국에서 얻어 행동에 옮겼을 가능성이 높다.

그러나 우에쯔카씨가 아무리 두 사람의 묘를 한 곳에 만들고 모시고 싶다고 순수한 마음에서 시작되었다 할지라도 그 방법과 절차에 있어서 분명히 문제가 있었다. 로쿠스케의 아내의 무덤은 만들지 않고 로쿠스케의 무덤 바로 곁에 논개의 무덤을 만들었다는 것도 문제이거니와 절의 법당 안에 로쿠스케의 가족들의 위패와 함께 논개의 영정을 모셨다는 것도 문제이었다.

일본인이면 누가 보아도 그들을 가족으로 오인을 하고, 또 한국인이면 영혼결혼식을 연상케 하여 정처가 아닌 후실(애첩)으로 오해하도록 되어 있었던 것이다. 더군다나 해주최씨 문중에서는 논개는 기생이 아니라 최경회장군의 부실로서 최장군의 뒤를 이어 순국한 자신들의 선조로 보고 있다. 이러한 논개를 홀로 떼어내어 더군다나 적장의 묘지 곁에 둔다는 것은 자기 남편과 이혼하고 다른 남자와 재혼해나간 것으로 오해하기에 충분했다. 그러므로 그러한 그의 행위에 대해 한국인들의 영혼결혼이라고 오해하여 분노하는 것은 어쩌면 당연하다 하겠다.

이러한 여론은 드디어 논개영혼의 반환운동이 활발하게 벌어졌고, 그에 따라 행정관청도 분주하게 움직였다. 2000년 8월 김상두 장수군수가 영언산을 방문하여 우에쯔카씨와 합의하여 비석은 원불교 후쿠오카 교당에, 영정은 후쿠오카총영사관에서 회수하여 처리하기고 합의했고, 또 후쿠오카총영사관측에서는 합동위령제에 관계자를 참석하지 못하도록 조치를 취했다. 매년 참석했던 진주와 장수사람들도 참석하지 않았으며, 그에 대해 일체 말을 꺼내지 못하고 있다. 그 결과 한일양국 군관민의 합동위령제는 중지되었고, 논개의 영정은 한국측에 반환되었으며, 진주시장으로 받은 감사패도 보수원에서 자신의 집으로 옮겨졌다. 이러한 일로 말미암아 그곳을 찾는 사람들도 급격히 줄어들어 드디어 그곳은 현재 덤불 속에 묻힌 폐사로 변하고 그 속에 논개의 묘가 로쿠스케의 묘 옆에서 한일양국의 군관민합동위령비와 함께 버려지고 있었던 것이다.

(4) 역사민속학에서 본 논개의 사후결혼

이상에서 보듯이 갈등의 원천은 우에쯔카씨의 독특한 영혼관에 따른 행동에서 발생했다. “원한을 원한으로 갚는다면 영원히 그 원한은 없어지지 않는다. 이를 위해서 상대를 구원하려는 노력을 기울여야만이 그 원한이 저절로 사라진다."[24]는 그의 취지에는 이해가지 않는 점도 없지 않지만 그의 행위는 많은 한국인들의 마음을 아프게 했다. 이러한 그의 행동과 그에 따른 한국인들의 반응 등을 바라다보았을 때 역사 민속학적 차원에 간과할 수 없는 몇 가지 중요한 사실이 있다.

그 첫째는 역사와 전승의 혼돈이다. 실제는 논개와 함께 죽은 적장이 누구인지 정확하게 밝혀진 바가 없다. 여기에 대해 김수업은 다음과 같이 자세히 서술하고 있다. "사실 계사년에 의암에서 논개가 죽인 왜장이 누구였는지 우리에게 알려진 바는 없었다. 그래서 우리 한문 기록에서는 400년에 걸쳐 왜장(倭將), 적장(敵將), 적장(賊將), 왜추(倭酋), 적수(賊首), 아니면 왜(倭) 또는 적(賊)이라고만 적었다. 그가 누구였는지 신원을 밝힐 수 없다는 사실에 충실했던 것이다. 그런데 백성들이 입으로 전해온 이야기나 노래에서는 꽤 일찍부터 왜장의 이름을 내세우고 있어서 한문 기록과는 사뭇 달랐다. 임진왜란 뒤로부터 흘러오던 이야기들을 쓸어 모아 19세기에 와서 엮은 소설 『임진록』같은 데서는 논개가 죽인 왜장을 청정(淸正) 또는 평수길(平秀吉) 또는 석종노(石宗老)라고 했다. 그리고 1913년 즈음에 지은 것으로 보이는 사공수의 가사 「한양가」에는 성종노(成從奴, 石宗老)와 하나복(賀羅北, 河羅北, 漢我服) 둘이라고 노래했다. 그리고 광복

24) 上塚博勇의 수필「나와 도라지」참조

뒤에 와서 받아 적은 백성들의 노래에서는 거의 한결 같이 논개가 청정의 목을 안고 남강 물에 떨어졌다고 했다. 1960 년대에 들어오자 사람들이 다시 그 왜장의 이름에 눈을 모았다. 우선 배호길은 「진주 촉석루와 주논개」에서 그 왜장을 우리의 『임진록』과 「한양가」에서와 같이 석종노라 주장하고, 그를 가등청정 부대의 부대장이었다고 했다. 그러자 우리나라의 정부기록인 『토향지(土鄕誌)』라든가 『문화유적총람(文化遺蹟總覽)』 같은데서 이것을 그대로 받아 들였다. 한편 박종화는 「논개와 계월향」이라는 소설에서 그 왜장을 가등청정의 부하로 진주성 공격의 선봉장이었던 케야무라로쿠스케(毛谷村六助)라 했다. 이로부터 최용진, 전병순, 정비석, 정동주 같은 문인들은 물론이고, 진단학회의 『한국사』, 이홍직의 『국사대사전』, 진주시의 『진주시사』 같은 역사책들까지 그것을 받아들여 정설로 자리 잡게 만들었다."고 했다.[25] 이처럼 논개와 함께 죽은 왜장의 신분은 누구였는지 확실하지 않은 것이다.

그 뿐만 아니다. 지금까지 로쿠스케의 사망한 장소에 대해서도 확정되어진 바가 없다. 타케우치 카쿠사이(武內確齋)의 『회본태각기(繪本太閤記)』에 의하면 그는 카토오 기요마사(加藤清正)가 지휘하던 부대가 서울을 거쳐 함경도에 진출하고, 또 더 나아가 두만강을 건너 만주로 진출하였을 때 여진족과 싸우게 되는데, 그 때 여진족이 던진 칼에 좌측 어깨에

25) 김수업, 앞의 논문 pp34-35

맞아 전사하였다고 했다. 또 그의 고향 향토사인 『하모군사(下毛郡史)』에서는 "조선출진 중 儿良哈에서 전사했다."고 간략하게 서술하고 있으며,[26] 또 나고야(名護屋) 지역의 향토사 교육 자료로 이용하고 있는 『명호옥독본(名護屋讀本)』에는 로쿠스케는 1598년 1월 울산성 전투에서 39세로 전사하여 그의 목을 일본으로 가지고 돌아와 무기하라에 묻고 그곳에 신사를 세워 신으로 모셨다고 설명하고 있다. 그리고 케야무라에서 전해지는 「모곡촌육조약연기(毛谷村六助略緣起)」에는 로쿠스케가 26살이 되던 1593년 6월 임진왜란에

[그의 고향에 있는 로쿠스케의 무덤]

26) 下毛郡教育會 『下毛郡史』(1972年) p810

참전하고 공을 세운 후 고향으로 돌아와 62세 1631년까지 살다가 사망했다고 적고 있다. 이처럼 그의 사망은 진주 남강을 비롯해 중국 동북지방, 儿良哈, 울산 및 자신의 향리 등 여러 가지 설이 제기되고 있는 것이다. 이처럼 논개와 함께 죽은 왜장의 이름이 확증된 바가 없는데도 불구하고 일본인 우에쯔카씨는 그것을 사실로 받아들였던 것이다.

둘째는 그에게는 한번 죽은 영혼은 영원히 사라지지 않는다는 관념에 사로잡혀 있다는 사실이다. 이러한 영혼불멸관은 원한으로 죽은 영혼에게 있어서는 더더욱 사라지지 않고 그것을 풀어주어야 한다는 사고가 한일 양국인은 모두 가지고 있는지도 모른다. 그러므로 호국사의 주지 현산스님은 우에쯔카씨에게 논개의 원한을 풀어주기 위해 노력해줄 것을 제의했고, 또 그것을 순순히 받아들여 천 마리 학을 남강에 띄우며 넋 건지기를 했다. 또 논개의 영정이 일본에 있는 것을 보고 분노한 한국인들이 사용한 "논개를 욕되게 하지마라.", "영혼결혼" "팔아먹은 논개의 영혼" "논개 영혼의 반환" 등의 낱말은 모두 사후 영혼의 존재를 인정하는 사고들임에 틀림없다. 그러한 영혼 불멸관으로 인하여 우에쯔카씨는 400년이나 넘은 영혼들을 꿈에서 보았다고 말하고 있는지도 모른다.

셋째는 죽은 영혼을 너무나 무기력한 존재로 보고 있다는 관점이다. 이는 일본 속의 논개 무덤 철폐를 주장하는 한국인들도 마찬가지이다. 그들의 논리에 의하면 논개의 영혼은 부르는 대로 무기력하게 따라가는 존재로 보고 있다. 전남 광주 화순 해주최씨 종회 대표인 최홍진씨는 일본 속의 논개 무덤에 대해 "논개가 일본의 외로운 산중에서 온갖 잡신들에 의해 둘러싸여 못난 후손을 원망하며 고통 받고 있다고 생각하니 가슴이 찢어질 것 같다."[27]라고 표현한 것도 논개를 스스로의 자신을 지키고, 또 자신의 의사를 강력하게 피력하는 존재로서 보고 있지 않은 것이다. 그들 표현처럼 논개는 한국에 있어서 위대한 호국선열이다. 그러한 영혼이 누가 부른다고 따라가고 부르지 않는다고 따라가지 않는 힘없는 존재란 말인가? 더군다나 상대는 불구천지의 원수로 생각했던 왜장이다. 그럼에게도 불구하고 이들에게는 논개의 의지와는 관계없이 사후 영혼은 이 세상에 존재하는 것이며, 그것은 부르는 자에 의해 쉽게 옮겨지는 것으로 보고 있다는 점이다.

넷째는 객사한 영혼에게 무덤을 만들어 주는 관습이 있다는 점이다. 이는 비정상적인 죽음의 방법으로 사망한 영혼을 불쌍하게 여기는 마음에서 일어났을 것이다. 일본에서는 객사한 영혼의 무덤을 만드는 데는 대략 두 가지 방법이 있다. 하나는 죽은 현장에 만드는 것이며, 또 하나는 영혼의 고향에 만든다는 것이다. 사실 로쿠스케의 무덤을 진주에 만드는 것은 한국인의 정서상 현실적으로 불가능에 가깝다. 그러면 그의 무덤은 당연히 그가 태어나고 자라난 곳 오이타현(大分縣) 야마쿠니쵸(山國町) 케야무라(毛谷村)에 세워져야 하는

27) 진주신문. 98년 8월 24일자.

것이 상식이다. 그럼에도 불구하고 우에쯔카씨는 이곳을 선택하지 않고 자신의 땅에다 로쿠스케의 무덤을 만듬으로써 일본에서도 그의 무덤이 두 곳으로 되고 마는 기이한 현상이 빚어지고 말았다. 그러한 기괴한 행위는 논개의 무덤에 있어서도 마찬가지이다. 그들의 민속의 논리에 따른다 하더라도 논개의 무덤은 당연히 진주 혹은 그녀의 출생지인 장수에 만들어지는 것이 옳다. 그것도 그녀의 남편인 최경회 장군과 함께라면 더욱 좋을 것이다. 실제로 논개의 무덤은 경남 함양군 방지리의 신안 주씨 집성촌에 최경회 장군의 묘소와 함께 나란히 놓여져 있다. 신안 주씨들이 논개와 같은 성씨의 사람들로 알려져 있기 때문이다. 그러한 민속논리와는 정반대로 아무런 연고도 없는 더군다나 그녀가 목숨을 걸만큼 그토록 증오했던 일본에다 만든다는 것은 이미 갈등의 소재를 안고 출발하는 것과 마찬가지였다.

일본의 민속 가운데 적과의 동침이 전혀 없는 것이 아니다. 피아군을 가리지 않고 전장에서 죽은 시신을 거두어 한자리에 묻어두고 제사지내는 경우가 옛 기록과 현존의 민속에서 쉽게 찾을 수 있다. 이러한 경우 대략 두 가지 방법이 있는데, 그 하나는 승자가 자신들의 군사와 함께 패자측의 군사들의 시신을 거두어 장례를 치루고 묘지를 만드는 경우이고, 또 다른 하나는 지역민들이 죽은 시신을 한 곳에 묻고 제사를 지내는 경우이다. 이러한 행위 속에는 정상적인 죽음을 맞이하지 못한 영혼들을 위로함으로써 그들이 일으키는

탈을 벗어나려는 민속의 논리가 숨겨져 있음은 두말할 나위가 없다. 그러나 이러한 경우는 전사한 곳 즉, 사망지에 세우는 것이 보통이다. 그렇지 않으면 앞에서 언급한 바와 같이 자신의 고향으로 돌아와야 한다. 이러한 점에 있어서 우에쯔카씨가 세운 보수원은 그야말로 이단의 민속적 행위임에 틀림없다.

이처럼 우에쯔카씨의 일본에 있어서 논개 모시기는 그 동기가 아무리 화해와 용서 그리고 평화로 출발한다고 하더라도 그 출발부터 갈등의 씨앗을 안고 있었던 것이다. 아니다 다를까 그 결과는 지금처럼 한일 모두 외면하는 폐사로 변질되고 말았던 것이다.

후쿠오카현(福岡縣)의 보수원(寶壽院)의 건립과 폐망은 우에쯔카씨의 일방적인 영혼관으로 말미암아 생겨난 일이었다. 그의 행위를 역사적 비판 없이 한일친선과 화합의 상징으로 여겨 동조했던 일부 한국인들에게도 문제가 전혀 없었던 것은 아니다. 그들의 협력이 논개가 바다를 건너는 데 더욱 부채질을 하였을지도 모른다. 여기에 깊은 반성이 있어야 할 것이다. 그리고 우에쯔카씨의 동기가 아무리 선하다고 하더라도 그의 행위는 논개의 입장을 전혀 고려하지 않은 처사이었으며, 또 로쿠스케의 가족에게 있어서도 결코 바람직한 일이 못된다. 그들의 입장을 전혀 고려하지 않은 채 일방적으로 진행됨으로써 죄 없는 논개는 화해와 용서, 평화라는 슬로건 하에 검푸른 현해탄을 건너야 했다. 이러한 것을 두고 한국인들은 남편의 땅을 떠나 적장과의 영혼결혼이라고 생각하고 심한 민족적 모욕감을 느꼈던 것이다.

이로 말미암아 사상초유의 외교문제로까지 비화가 되어 정부가 나서 외국인의 사유재산의 처리에 협조를 구하기도 하여 논개의 영정과 비석은 한국측으로 돌려지고, 또 합동위령제도 중단되었다고 하지만 여전히 그곳에는 논개의 가묘가 남아있다. 아무리 좋은 취지와 목적을 가졌다 하더라도 상호간의 이해가 되지 않는 것이라면 그것은 단순히 자신의 가치를 강요하는 독단적 행위임에 틀림없다. 이러한 교훈을 폐허가 되어가고 있는 보수원이 우리에게 전하고 있음에 틀림없다.

어쨌던 로쿠스케는 우에쯔카씨의 행동에서 보듯이 히코산(英彦山) 일대에서는 영웅적인 인물이다. 그러한 예로 지금도 그 일대에서는 로쿠스케에 대한 전설이 많이 전해지고 있으며, 또한 가부키라는 연극을 통해 전국적으로도 비교적 많이 알려져 있는 인물들이다. 최근 그의 고향 야마구니쵸(山國町)에서는 그에 대한 비디오를 제작하여 대대적으로 홍보하고 있으며, 또 지역민들도 「로쿠스케 여관」, 「로쿠스케 공방」과 같이 상호를 아예 로쿠스케 이름을 따서 사용하는 경우도 있는 한편, 「로쿠스케 만두」, 「로쿠스케 소주」와 같이 그의 이름을 딴 상품을 생산하고 있기도 하다. 그만큼 그들에게 있어서 로쿠스케는 그들에게 있어서 지역을 대표하는 영웅이었던 것이다. 이러한 로쿠스케의 전승에 대해서는 지금까지 우리나라에는 별로 알려진 바가 없다. 우리에게 논개도 중요하지만 그녀가 노려 죽인 적장이 어떠한 인물이었는지에 대해서도 알아 둘 필요가 있다. 여기에 대해서 앞으로 조사 연구되어야 할 것이다.

[오늘날 로쿠스케의 향리 전경]

그리고 논개와 함께 죽은 적장이 언제부터인가 케야무라 로쿠스케로 되어있지만 실제로는 그 인물에 대해서 검증된 바가 없다. 혹자는 노산 이은상 선생이 일본유학시절 일본의 옛 전사에서 목견한 사실로 논개와 함께 죽은 자는 로쿠스케가 틀림없다고 주장하기도 하고, 또 어떤 이는 논개와 로쿠스케는 야사에 나온 것이 시대의 흐름에 다라 윤색된 것이어서 둘다 실재의 인물로 보기 어렵다고도 한다. 이처럼 의견이 분분한 채 되어있음에도 불구하고 로쿠스케를 논개와 함께 죽은 자로 단정 짓는 일도 성급한 일방적인 처사인지도 모른다. 만약 사실이 아니라면 로쿠스케는 너무나 억울한 일을 당하는 결과가 되기 때문이다. 여기에 대해서도 신중을 기하고 보다 심도 있는 검증이 이루어져야 할 것이다. 보수원의 폐망이 주는 또 하나의 교훈은 바로 여기에 있는 것이 아닌가 생각된다. 그것과 아울러 논개로 인한 한일 간의 갈등에서 보듯이 사후결혼은 앞으로 얼마든지 다양하게 변화된 모습으로 나타날 수 있으며, 그에 따라 그것을 연구하는 민속학도 다양한 시각과 방법이 강구되어야 할 것이다.

참고문헌

강용권,「허혼에 관한 연구」『민속문화(2)』(동아대 한국민속문화연구소. 1980년).

경성대학교 향토문화연구소,『논개 사적의 역사적 의미』(1996년)

고부자,「제주도의 혼속」『국제대 논문집(6)』(국제대. 1978년)

김수업,「의기 논개」

김인회,「수영포 수망굿과 무속에서의 죽음의 교육적 의미」『교육농촌(3)』(건대 교육대학원. 1983년).

김택규,『씨족부락의 구조연구』(일조각. 1979년)

노성환,「사후결혼의 구조연구」『비교민속학(16)』(비교민속학회. 1999년)

노성환,「오키나와의 사후결혼」『일어일문학(12)』(대한일어일문학회. 1999년)

무라야마 지쥰,『조선의 귀신』<노성환 역> (민음사. 1990년)

박계홍,「재생설화의 재생의식」『구비문학(6)』(한국정신문화연구원. 1981년)

박종화,『논개와 계월향』(삼중당. 1962년)

신월균,「사자생손설화의 구조분석」『수여 성기열박사 환갑기념논총』(1989년)

안병국,『귀신설화연구』(규장각. 1995년)

이규태,『이규태코너』(조선일보사. 1986년)

이능화,『조선무속고』<이재곤역> (동문선.1991년)

정동주, 『논개』(한길사. 1998년)

진주문화방송, 「논개. 왜 일본으로 갔는가」

진주문화원, 『진주문화(22)』(1997년)

최길성, 「사후결혼의 의미」『비교민속학(1)』(비교민속학회. 1985년)

최길성, 『한국의 조상숭배』(예전사. 1986年)

최재석, 「제주도의 사후혼」『한국학보(13)』(일지사. 1978년).

新垣智子, 「沖縄における冥婚」『東アジアの死靈結婚』<松崎憲三編> (岩田書院. 1993年)

芦馬豊雲編, 『郷土田川「史録」毛谷村六助「貴田孫兵衛」傳』(吟詠道無相風雲流總本部. 1991年)

大貫恵美子 『日本人の病氣觀 -象徵人類學的考察-』(岩波書店. 1985年)

木村博,「死者の婚姻」『佛教と民俗(5)』(大正大學內 佛教民俗學會. 1959年)

櫻井德太郎, 「靈界の結婚おめぐる諸問題」『民俗學からみた古代の韓國と日本』(學生社, 1988年)

櫻井德太郎, 『東アジアの民俗宗教』 <櫻井德太郎著作集 7卷> (吉川弘文館. 1987年)

澤田瑞穗, 『中國の傳承と說話』(研文出版. 1988年)

繁原央, 「冥婚說話の二つの型」『國學院大學 中國學會報 (3)』(國學院大學 中國學會. 1992年)

濕谷 研, 「沖縄の冥界婚(グソ-ヌ ニ-ビチ)からみる女性の地位」『常民文化(16)』(成城大學常民文化研究會. 1993年)

諏訪春雄, 『日本の幽靈』(岩波新書. 1988年)

高松敬吉,「死後婚姻 -日本, 韓國, 中國の比較研究-」『比較民俗研究(10)』(筑波大學比較民俗研究會. 1994年)
竹田旦,『木の雁 -韓國の人と家』(サイエンス社. 1983年)
竹田旦,『祖靈祭祀と死後結婚』(人文書院. 1990年)
竹田旦,「東アジアにおける死靈結婚 -韓國の習俗を中心に」『茨城大學教養部紀要(19)』(茨城大學. 1987年)
崔吉城,「韓國における祟り信仰」『アジアの靈魂觀』<諏訪春雄、川村湊編>(雄山閣出版. 1998年)
長野覺,「毛谷村六助の實像と虛像を求めて 一毛谷村の山里探訪」(西日本文化サークル. 2003年 9月 23日)
松崎憲三,『東アジアの死靈結婚』(岩田書店. 1993年)
松園万龜雄,「沖繩の位牌祭祀その他の慣行にみられる祖先觀と血緣觀について」『現代のエスプリ(72)』(至文堂. 1973年)
魯成煥,「韓國の死後結婚」『比較日本文化研究(5)』(待兼山比較日本文化研究會. 1999年)